BIBLIOTHÈQUE DU VIEUX PARIS

ALBERT CALLET

L'Agonie

du

Vieux Paris

Le Charme de Paris. — Saint-Lazare.
Le Palais de Justice d'Autrefois. — Le Tombeau de
La Vallière. — Les Légendes de la Cité.
La Fin de la Bièvre.

PRÉFACE DE GEORGES CAIN

*Ouvrage orné de nombreuses figures dans le texte et hors texte
et d'une planche gravée.*

TARVOS TRIGARANVS

PARIS (IXe)
H. DARAGON, LIBRAIRE-ÉDITEUR
96-98, rue Blanche, 96-98

MCMXI

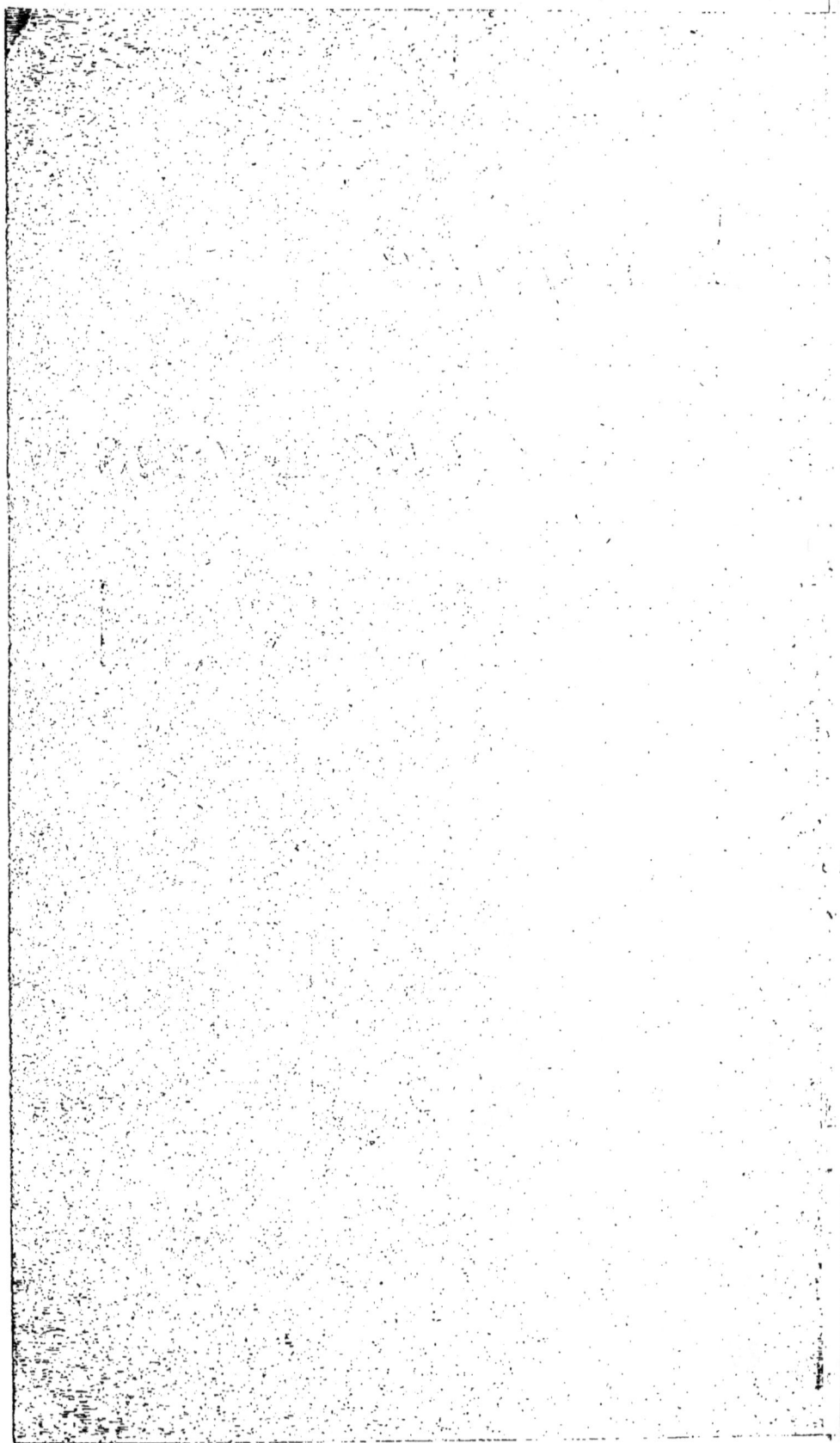

L'AGONIE DU VIEUX PARIS

DU MÊME AUTEUR

VIRIEU LE GRAND. — *Son Château.* — *Ses Seigneurs.*

Ph. BERTHELIER. — *Fondateur de la République de Genève.*

HONORÉ FABRI. — *Un Savant oublié.*

LE VIEUX PARIS UNIVERSITAIRE. — Chez Delagrave

HENRI DE LORRAINE,
Duc de Guise, dit le Balafré
Né le 31 Décembre 1550. Tué à Blois le 23 x.bre 1588.

Gravé par Adam

BIBLIOTHÈQUE DU VIEUX PARIS

ALBERT CALLET

L'AGONIE

DU

VIEUX PARIS

Préface de Georges CAIN

Orbem in Urbe Vidimus
(Vieux Dicton Parisien)

**Ouvrage orné de nombreuses figures dans le texte
et hors texte et d'une planche gravée**

PARIS (IXᵉ)
H. DARAGON, ÉDITEUR
96-98, Rue Blanche, 96-98
—
MDCCCCXI

A M. H. GALLI, Président du Conseil général
de la Seine.

Mon cher GALLI,

*Après avoir combattu ensemble le bon combat, nous
nous sommes trouvés, au milieu des rafales de la poli-
tique, de chaque côté de la barricade. Mais nous n'en
sommes pas moins restés de vieux amis et « quand même »
communiants toujours sous les mêmes espèces:* l'Amour
de notre vieux Paris.

*Aussi suis-je heureux de vous dédier ce livre où vous
retrouverez des souvenirs de notre jeunesse d'antan.*

Paris, le 20 Novembre 1910.

Albert CALLET.

*
* *

M. A. CALLET...

28 juin 1897,

Monsieur,

Je connais de longue date vos articles du Rappel,
et vos sentiments de bon Parisien.

*Votre jugement en ces matières fait autorité, et
je serai très honoré s'il m'est favorable.*

Je vous prie...

E. de MENORVAL.

PRÉFACE

« **L'Agonie de Paris** »... *Un beau titre, mais bien triste, convenez-en, mon cher confrère. Lorsque vous m'avez fait la grâce de m'envoyer les bonnes feuilles de votre nouveau volume, j'ai frémi, je vous l'avoue, en lisant sur la couverture ces trois mots qui sonnaient le glas de « la plus jolie ville du monde ». Mais mon angoisse fut vite dissipée ; car votre premier chapitre célèbre* « **le charme de Paris** », *voilà qui convient mieux à la merveilleuse cité que vous, moi... et quelques autres encore,... aimons de tout notre cœur et servons de tout notre dévouement.*

Ah ! que vous avez raison de prôner le charme incomparable de notre Paris et d'entraîner vos lecteurs dans une très curieuse et très documentée promenade aux quatre coins de la ville... Feu la prison Saint-Lazare — les aventures de l'empereur Julien — les éternelles reconstructions du Palais de Justice — les héros de la Conciergerie depuis Saint-Louis jusqu'à Marie-Antoinette — le tombeau de La Vallière — les boulevards — le Louvre — Notre-Dame — l'Arc de triomphe — le Marché aux pommes du quai des Ormes — les charniers de Saint-Séverin — Saint-Pierre de Montmartre — les souvenirs du Temple, etc... etc... » *autant de titres, autant d'évocations, autant de prétextes à raconter les histoires sanglantes,*

comiques ou glorieuses parlant d'art, de guerre ou
d'amour qui se déroulèrent dans ces stupéfiants décors.

Avec une parfaite bonne grâce, vous avez bien
voulu vous souvenir que le musée Carnavalet — la
maison de Madame de Sévigné — était hospitalière
aux amoureux de Paris, que votre visite y était fêtée...
et vous m'avez fait l'honneur de me demander quelques
lignes en manière de Préface.

Préface inutile, j'ose vous l'assurer, mon cher
confrère : Tous ceux qui s'intéressent à l'histoire de
Paris connaissent votre nom, apprécient vos doctes
travaux, rendent justice à la tendresse dont vous en-
tourez notre cité... Que voulez-vous? Il faut bien qu'il
y ait de temps en temps de braves gens comme vous,
amoureux du Passé, des passionnés de tableaux pittoresques, recherchant obstinément ce que les siècles nous
ont légué du décor d'autrefois, pour lutter — ne fût-ce
que pour l'honneur — contre les vandales, les sots, les
ignorants et les imbéciles qui, avec une inlassable
ténacité, s'acharnent sur notre Paris.

Lutte inégale hélas ! car les vandales sont légion !
Comme le phénix de la Fable ils renaissent de leurs
propres cendres ; quand on a l'heureuse chance d'en
abattre un... par grand hasard... il en repousse
cent. De moins braves renonceraient au combat et
feraient comme l'épique grognard de Waterloo qui,
las de tuer, fatigué de combattre un contre cent, lan-
çait sur la terre rouge de sang son fusil épuisé de bal-
les en murmurant... « ils sont trop »

Que d'exemples je pourrais citer avec vous de monuments bêtement abattus, de souvenirs stupidement
émiettés par les pics des démolisseurs, de précieuses
reliques qu'un peu de bonne volonté ou de simple
respect eussent suffi à sauver et qui ont disparu à

tout jamais, sacrifiés sans motif, sans raison, sans utilité, pour le plaisir de mal faire, la joie de détruire. Est-ce après l'incendie de la bibliothèque d'Alexandrie ou pendant l'incendie de la bibliothèque du Louvre — en 1871 — qu'un incendiaire sauvage répondit alors qu'on lui reprochait son crime... « Que voulez-vous ? je ne sais pas lire ». Ils sont légion les malfaiteurs — même lettrés — qui « ne savent pas lire » !

Partout et de tout temps il s'est trouvé des sots éprouvant l'impérieux besoin d'inscrire leurs noms sur les statues et les bas-reliefs ; les gardiens du parc de Versailles passent une partie de leur temps à effacer les signatures et les inscriptions imbéciles tracées au crayon ou à la pointe du couteau sur les jambes de marbre des déesses et les fûts de colonnes supportant les héros de l'antiquité. Le proverbe latin est toujours vrai « Nomina stultorum semper parietibus insunt ».

De plus, en notre glorieuse époque, une épidémie nouvelle est venue s'abattre sur Paris, j'entends l'ignoble prurit de réclame qui pousse tout chocolatier, fabricant de pneus, débitant de purgatifs ou corsetière élégante, à proclamer en lettres monstrueuses sur fond criard l'excellence de ses « chambres à air », la supériorité de ses cacaos, la maîtrise de ses apéritifs !

Les plus émouvantes reliques du passé, les plus délicieux paysages parisiens servent de « supports » à leurs envahissantes réclames. Volontairement, systématiquement, ils déshonorent la beauté en la contraignant à se faire la complice de leur manque de discrétion. Ces gens-là feraient repousser des mains à la Vénus de Milo pour y attacher leurs abominables prospectus... Les tours de Notre-Dame qui dressent au ciel leurs deux bras de pierre, comme pour attester la splendeur de Paris, sont demeurées jusqu'ici exemptes de

réclames, mais je ne désespère pas de voir un jour,
reliant les tours, quelque transparent éhonté proclamant
en lettres rouges sur fond épinard l'excellence des
pilules X..., car le vandalisme ne règne pas seulement
par sa malfaisance, il se complaît surtout à étaler sa
sottise ; cette forme d'invite à la vente en offre un des
plus éclatants témoignages... et le bon public parisien
ne regimbe pas ; on déshonore son antique cité et il
laisse faire... il accepte de gaieté de cœur ces attentats
au bon goût, ces mainmises sur son patrimoine de
beauté, il assiste sans protestation au pillage de son
bien, de ce bien qu'il tient de toute une lignée de
glorieux ancêtres...

C'est à n'y pas croire, et cependant il nous faut
bien convenir que depuis vingt ans de véritables
attentats se sont commis contre la gloire de Paris ;
et la majorité des parisiens regardent indifférents et
résignés leurs vieux souvenirs disparaître tour à tour.

Je connais les mots que les vandales emploient pour
pallier leurs crimes journaliers : hygiène, ventilation,
confort moderne, convenances personnelles, mais je
sais aussi que rien ne serait plus facile que
de concilier l'hygiène et les convenances personnelles
avec le respect du passé et la religion du souvenir,
deux choses dont ils n'ont cure... Alors que partout à
l'étranger, chaque cité s'emploie à mettre en valeur
les reliques contant son histoire... tandis que Nurem-
berg, Heidelberg, Rottembourg, Bruges, Rome, Flo-
rence, Vienne, Venise, sont des musées vivants...
notre Paris se laisse dépouiller, amoindrir ; la perle
de l'Europe tend chaque jour à s'américaniser davan-
tage, à perdre son légendaire cachet de bonne grâce
et de grands souvenirs.

Vous combattez le bon combat lorsque vous protes-

tez, au nom de tout notre glorieux passé, contre les sot-
tises qui se commettent quotidiennement et vous faites
une bonne action en exaltant, pour ceux qui viendront
après nous, la beauté des choses et la douceur des
évocations.

Recevez donc à la fois, mon cher confrère, ma meil-
leure poignée de mains et mon très sincère compliment.

Georges CAIN.

CHAPITRE Ier

LE CHARME DE PARIS

LE VIEUX PARIS QUI S'EN VA. — SOUVENIRS
DE JADIS. — PARIS ! VOILA PARIS ! —
VILLE AMÉRICAINE. — FEU LE BOULE-
VARD.

Hommes et choses ne sont, en ce monde, qu'une
fuite perpétuelle : *Vita in fugâ est.*

Chaque jour, le Paris nouveau chasse le Paris ancien ; chaque jour, la pioche fait des trouées sombres
dans la vieille cité, qui sera toujours, *quoi qu'on dise,*
l'âme et le cœur de la patrie française ; chaque jour,
le Parisien s'attriste de voir son vieux Paris, « la
grande ville », qu'il aime mieux que *sa mie, ô gué,*
s'effacer et disparaître pour faire place à ces grandes
bâtisses, niaises et plates, à ces rues à angle droit, où
s'étale, lourde et bête, une architecture banale
On se croirait revenu au beau temps de M
Haussmann. C'est, de toutes parts, une débauche
de meulières, une orgie de moellons. On ne voit
partout qu'échafaudages et treuils gigantesques,

on n'entend que l'aigre chanson du cric et du cabestan, dominé par le grincement strident du ravaleur sur la muraille ou le mugissement d'avalanche des pans de murs qui s'écroulent.

Nous avons voulu, dans ce livre, faire une chasse dernière aux souvenirs et saluer avant leur mort. ces vieilles maisons où ont vécu nos pères, ces antiques demeures à chacune desquelles, selon le mot de Gœthe, s'attache un souvenir, s'accroche un lambeau d'histoire.

La pensée, comme par une hantise, se reporte toujours en arrière : savoir quelque chose de ce qui s'est passé là, quelque chose de l'histoire de ces rues, de ces habitants, de leur vie, de leur mort. Une invincible chaîne attache à Paris tous ceux qui y ont vécu. C'est une grande maison dont nous avons habité toutes les pièces et dans laquelle, à chaque pas, nous retrouvons un reflet du passé disparu.

Il y a des capitales qui ne sont que de gros villages; dès que vous y entrez, vous êtes bientôt envahis par l'ennui, la tristesse, la mort qui planent sur elles, vous n'y sentez aucun attrait, aucune vibration morale !

Mais avec quelle joie impatiente on roule vers Paris; à quarante lieues, des déclins des coteaux et par-dessus la houle des bois, on cherche à voir son atmosphère lumineuse, semblable à un brouillard de rayons pulvérulents, le rougeoiment de la fournaise; bientôt, on entend le train passer entre des gares frémissantes, au milieu de bruits confus et stridents : Paris, c'est Paris !

Mais, hélas ! chaque jour, le charme s'évanouit; chaque jour, ses beautés, vestiges de sa gloire passée ou marques de sa grandeur actuelle, disparaissent. Le vandalisme industriel menace notre cité, petit à petit; des verrues parasites, dont Montaigne aurait eu horreur, détruisent l'élégance des lignes qui étaient une des séductions de la capitale, laquelle, dans l'univers entier, était réputée comme la plus avenante, la plus coquette, la plus gracieuse.

Et notre vieux Paris familier, celui des premières

années, celui qu'il nous plaît d'évoquer, les yeux clos, aux heures où à l'approche de la vieillesse, de vagues mélancolies nous ramènent doucement à la mémoire des choses et des êtres d'autrefois, qu'est-il devenu ? De grandes maisons, hautes, bêtes, qui n'ont rien à nous dire, remplacent certains coins du quartier latin, disparu, où nous allions voir une fenêtre fleurie dont le rideau tremblait au vent, de vieilles maisons au pignon bizarre, où s'accrochaient des souvenirs.

Oh ! que Montaigne avait bien raison d'écrire : « Paris a mon cœur dès mon enfance ; plus j'ai vue d'autres villes belles, plus la beauté de celle-ci peult et gaigne sur mon affection. »

Notre vieux boulevard, notre voie sacrée, que, depuis notre arrivée à Paris, nous arpentions doucement, dans cette flanerie exquise qui a disparu, de l'Opéra au faubourg Montmartre, où nous étions habitués à voir déambuler sans façon, causant et humant le frais, de cinq heures à huit, tous les hommes connus de Paris, n'est plus qu'une voie banale, une avenue de kermesse, où se coudoie une foule de provinciaux et de cosmopolites aux costumes invraisemblables, Allemands aux complets verts, Anglais aux casquettes multicolores, bayant aux grues et jargonnant des idiomes bizarres, où les camelots hurlent les nouvelles. le scandale du jour, et bousculent les promeneurs, qu'ils assourdissent. Pauvre boulevard d'autrefois, promenade charmante des causeurs où, dans des coins aimables et discrets, s'échangeaient de spirituels et gais projets, où nous aimions à voir déambuler sans façon, l'œil fureteur, causant et humant le frais, tous les vieux Parisiens ! Qu'es-tu devenu ?

Mais la transformation du boulevard n'est rien encore, comparée à celle de la ville entière, qui se prépare peu à peu, sous la poussée du *struggle for life*, à devenir une cité américaine. Et ce sont les Américains qui nous donnent, aujourd'hui, des leçons de bon goût et de respect de notre antique patrimoine. Dans une conférence récemment faite à Paris, un Américain, M. Harry van Dyke, disait ceci :

« Il ne faut pas détruire le charme de vos rues anciennes, de ces monuments du passé, de ces vastes espaces libres pour faire de prétendues améliorations, pour bâtir des « gratte-ciel » et pour américaniser une ville qui doit rester précisément et exclusivement française. C'est parce qu'elle est française essentiellement que les Américains d'intelligence et de bon goût l'aiment tant. »

Il est incontestable que les Américains de Chicago ne viendront pas à Paris pour y revoir les mêmes avenues et les mêmes perspectives. Les cités américaines sont ce qu'elles doivent être, elles s'adaptent parfaitement aux besoins de la population active, pressée, enfiévrée de travail et d'énergie qui les habite. Les besoins, les nécessités ne sont pas, chez nous, indentiques à ceux-là. Les maisons, les appartements doivent s'ajuster exactement à cette vie fiévreuse et brutale.

Mais Paris a un passé, une histoire dont les monuments sont les précieux témoins: on vient s'y reposer comme à Rome, dans les souvenirs des choses anciennes.

Que ceux qui ont encore à cœur de maintenir le renom et le prestige de notre cité veillent à ce qu'elle conserve un reste de son antique grâce souveraine et de son bon goût !

CHAPITRE II

SAINT-LAZARE

LA VIEILLE PRISON « COULEUR DE BOUE ». —
LES LOGIS DU ROI. — LA LÈPRE DES CROI-
SADES. — VINCENT DE PAUL, GRAND AUMO-
NIER DE FRANCE. — MAISON DE RETRAITE
DES BONS PÈRES. — MANON ET DES
GRIEUX.

Dans son immense enceinte, Paris concentre toutes
les joies et toutes les douleurs de l'humanité, tous
les héroïsmes et toutes les infamies. A côté des palais somptueux consacrés aux joies, aux plaisirs,
à l'art, au culte du Beau, les musées, les théâtres, les
bals, les asiles où l'on pleure, les hôpitaux où l'on
souffre, les prisons où l'on peine. A côté du Paris
pimpant, chatoyant, brillant, paré, éclatant de lumières, amoureux de luxe et de fêtes joyeuses, le
Paris dolent et misérable qu'angoisse la douleur,
qu'étreignent la misère et la faim. « Dans cet océan
sans fonds, dit Balzac, il s'y rencontre, à côté des
perles, des monstres. » Mais, de plus en plus, ce creu-
set merveilleux, où tout s'affine, tend à rejeter au
loin ses impuretés et ses scories.

Tandis que, par un mouvement lent, mais inin-
terrompu, depuis sa formation, le Paris riche et aris-
tocratique s'avance toujours vers l'ouest, la cité, de
plus en plus, repousse hors de ses murailles, dans
sa banlieue du midi et du nord, dans ces plaines
arides, lépreuses de misère, sans verdure, bossuées
de gravats, hérissées de cheminées d'usines aux panaches fuligineux, dans ces champs livides tout ce
qu'on pourrait appeler ses *communs*, ses orga-
nes vils, ses voieries, ses hôpitaux, ses abattoirs, se

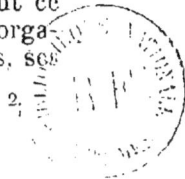

2.

Vue actuelle de la Prison Saint-Lazare, rue du Faubourg St-Denis

prisons, comme les glaciers qui, selon le mot de V. Hugo, « ont je ne sais quelle chasteté grandiose et, d'un mouvement insensible, mais irrésistible et continu, rejettent sur leurs moraines les blocs erratiques ».

Aujourd'hui, c'est au tour des prisons à émigrer hors murs, le Conseil général de la Seine ayant entrepris l'œuvre de leur réorganisation sur de nouvelles bases et de leur transport en dehors de l'enceinte. On a démoli Mazas et Sainte-Pélagie, que remplace, sur le plateau de Villejuif qui domine la Bièvre, la prison colossale et modèle de Fresnes-les-Rungis, comprenant 2.000 cellules. Le plan de cette prison nouvelle a été conçu d'après l'inspiration du Conseil en partant de cette donnée que la peine, tout en châtiant le coupable, ne doit ni l'abrutir, ni le déprimer moralement et physiquement en le rejetant dans la vie anémié, aigri, farouche, impropre à tout travail et bon pour l'hôpital ou une nouvelle prison, mais lui laisser, au jour de la libération, la force de gagner sa vie et de se réhabiliter.

Paris se trouve placé, au point de vue pénitentiaire, comme au point de vue hospitalier, dans des conditions spéciales. Il est le centre — Eldorado ou Maëlstrom — vers lequel convergent ou sont attirés tous les déclassés, les miséreux, les irréguliers, les tarés, les ruffians, qui espèrent y faire fortune par tous les moyens ou y cacher, dans l'immense tourbillon, les fautes et les crimes d'antan.

Le Conseil général de la Seine a décidé que Saint-Lazare sera démoli et ira rejoindre, sous la poussière des choses mortes, Mazas et Sainte-Pélagie. Mais il faudra attendre que la Commission extra-parlementaire du *Régime des Mœurs* ait statué pour décider de son sort, et il est probable que, dans un temps prochain, la vieille prison « couleur de boue », comme l'appelle Alfred de Vigny, dans *Stello*, tombera sous la pioche qui en fera jaillir une envolée de souvenirs comme un heurt d'airain fait envoler des essaims d'abeilles.

Il y avait là, dès l'an de la miséricorde et grâce

1110, dominant Paris, au bord du ru de Belle-
ville, un hôpital de lépreux construit sur l'emplacement d'une vieille basilique dédiée à saint Laurent
et d'un antique moustier dont parle Grégoire de
Tours et qui fut dévasté par les hordes normandes.
A leur retour de la deuxième croisade, les soldats de
la Croix avaient rapporté la peste et la lèpre; ces
maladies horribles épouvantèrent tellement le populaire de Paris, de tout temps si impressionnable,
qu'on fit, par toute la ville, une criée à son de corne
et à son de trompe pour donner ordre aux ladres de
se « bouter hors des murs ».

La femme de Louis le Gros fit bâtir la léproserie,
qui n'était qu'un assemblage de huttes en pisé et en
torchis, à demi creusées en terre et entourées d'une
muraille basse. Au lieu d'installer, comme aujour-
d'hui, les hôpitaux en lieu élevé et salubre, fouetté
du plein air, on les enterrait profondément; c'étaient
des cabanons où le jour et l'air n'arrivaient que par
le haut. La reine affecta à cette fondation la concession de certaines foires qui se tenaient aux abords de
la basilique de Saint-Laurent.

En face ,sur le côté droit de la voie montueuse
qui escaladait le premier soulèvement de la colline de Montmartre, s'élevait un petit pavillon, le
Logis du Roi, où, de tradition, le roi de France s'ar-
rêtait quand il allait solennellement prendre l'ori-
flamme à Saint-Denis pour entreprendre une grande
chevauchée contre ses vassaux rebelles; il s'y arrê-
tait une seconde fois quand il allait dormir son
dernier sommeil sous les cryptes de la vieille basilique dyonisienne.

Les ladres de Saint-Lazare, qui devaient tous être
« issus d'un légitime mariage et nés entre les quatre
portes de la ville », venaient, en vertu d'une coutume
pleine d'enseignements, jeter un à un l'eau bénite
sur la dépouille royale, « déposée entre les deux
portes ».

Au xvie siècle, le relâchement s'était introduit
dans cet hôpital, qui ne recevait plus guère de lépreux, mais des gens qui, pour échapper à l'impôt

Le peuple faisant le Sac de la Maison Saint-Lazare, le 13 Juillet 1789
(reproduction d'une gravure du temps)

et à la capitation, si durs alors, se disaient *ladres*; de là la synonymie de ladre et d'avare. Les prêtres chargés de le desservir, envahirent les revenus, selon l'habitude d'alors, et gaspillèrent les fondations·

Pillée, dévastée, saccagée par les Anglais, la léproserie fut remise aux chanoines de Saint-Victor, mais des irrégularités dans l'emploi des aumônes destinées à « l'entretènement et à la nourriture des pauvres ladres » amenèrent l'intervention du Parlement, qui ordonna aux religieux d'employer au moins le tiers de leurs revenus à l'entretien de l'hôpital. En 1632, la maison était en pleine décadence, lorsqu'elle fut donnée aux prêtres de la Mission, qui venaient d'être institués par saint Vincent de Paul. Elle devint le chef-lieu de cette congrégation célèbre qui alla par tout le monde évangélisant et prêchant les infidèles; toutefois, on imposa au fondateur de l'Institut l'obligation de recevoir les lépreux, qui étaient encore, à cette époque, très nombreux à Paris.

De sa rude et forte main, cet homme, qui fut sublime dans le bien, régénéra la maison et y imprima sa puissante empreinte. Lorsque les Espagnols, après la prise de Corbie, menacèrent la capitale, l'énergique patriote, à l'appel de Richelieu, fit de Saint-Lazare la place d'armes, le boulevard de Paris; en huit jours, soixante-douze compagnies, levées parmi les domestiques et apprentis, furent armées, exercées et prêtes à partir au-devant de l'ennemi.

C'est de cette petite cellule froide et triste qu'il conçut et organisa cette œuvre admirable des *Enfants assistés*, de ces misérables épaves de l'amour qui mouraient par milliers aux marches des églises. C'est de là qu'il écrivit ces sermons et ces lettres d'un style si poignant et si sobre où, en présence des misères de la Fronde et de l'insouciance de la Cour il flagelle énergiquement les vanités, les prodigalités et les avidités des grands.

C'est sur cette marche de pierre, usée à moitié, qu'il s'agenouillait pour demander au Ciel de l'inspirer et de le soutenir dans cette œuvre immortelle de *Grand Aumônier de France*.

Saint Vincent de Paul mort, les Lazaristes bénéficièrent de la gloire du bienheureux, ils agrandirent
considérablement la maison et la transformèrent en
une « retraicte honneste et chrétienne » où ils formaient, par des lectures édifiantes, des pratiques
pieuses, à la continence et à la vertu les fils de famille
dont les parents voulaient réprimer les écarts
d'exubérante jeunesse.

Ils construisirent ces édifices conventuels que
nous voyons encore aujourd'hui, d'un aspect si dur
et si sombre, si régulier et si sévère et qui sont de la
même époque que la Sorbonne, dont on a démoli, il
y a quelques années, la vieille cour, de haut caractère, avec ses bâtiments aux toits aigus, d'une élégance austère et sobre.

Les architectes laissèrent intactes les fondations
de l'ancienne léproserie. Il y a quelques années, en
creusant pour l'établissement d'un calorifère, on mit
à jour, dans le vieux tuf gallo-romain, des anciennes
cryptes aux arceaux élégants, aux nervures délicates. Au bout de la crypte profonde, à ras du sol,
une trappe de fer ferme un trou béant, où l'on descend par des marches gluantes et rompues. Une
odeur fade de marécage vous prend à la gorge, on
entend clapoter l'eau noire. C'est le ru canalisé qui
descend à la Seine. Chapelle fut enfermé, par ordre
paternel, dans la « retraite » des bons Pères; mais son
exemple et son impénitence finale montrent de combien petite vertu étaient la discipline et la correction
lazaristes.

C'est à la maison Saint-Lazare, sous la férule de
fer gantée de velours de ces directeurs de consciences
perverties, que l'abbé Prévost fait enfermer l'aimable
Des Grieux, qui, rêvant aux folles caresses de l'adorable *Manon*, écoutait d'une oreille distraite les sermons et les homélies du séminariste Tiberge qui tant
assommaient Musset !

CHAPITRE III

SAINT-LAZARE (suite)

CHAPELLE ET BEAUMARCHAIS. — LA MAISON
LAZARE. — LA JEUNE CAPTIVE. — L'APPEL
DES CONDAMNÉS. — BOUCHER ET CHÉNIER.
— UNE SOIRÉE DE THERMIDOR.

A la veille de la Révolution, Beaumarchais y fut
conduit, sur un mot du roi, écrit au dos d'une carte
à jouer, pour le punir des hardiesses immortelles
qu'il s'était permises à l'égard des grands dans le
Mariage de Figaro. Il n'y resta d'ailleurs que trois
jours; un mouvement d'opinion très violent se prononça en sa faveur parmi le peuple de Paris, dans
l'âme duquel grondait déjà le tonnerre prochain de la
Révolution.

La veille de la prise de la Bastille, au matin —
l'effroyable misère des campagnes ayant rabattu de
toutes parts des troupeaux d'affamés sur Paris —
d'après un bruit qu'il y avait du blé à Saint-Lazare,
la foule y court et trouve d'abondante *harnois de
gueule* que les bons Pères avaient entassés. On transporta le tout aux Halles, après avoir quelque peu
défenestré les meubles et donné la volée aux prisonniers.

La Révolution fit de Saint-Lazare une prison.

C'est dans la « Maison Lazare » qu'André Chénier
écrivit l'élégie de la *Jeune Captive*, hymne à la toute
charmante Mlle de Coigny, avec laquelle il ébaucha
un amour tendre et qui, « échappée aux réseaux de
l'oiseleur cruel », divorça à la suite d'un procès célèbre.

Quatre cents suspects que le Comité de salut public semblait oublier étaient entassés dans ces bâti-

L'Appel des Condamnés (d'après le tableau de Muller)

ments gris et sales, aux barreaux épais entourant des cours sinistres, d'où rarement, du haut des toits, le soleil jette un rayon triste. L'invocation de Chénier au

. . . . poignard, seul espoir de la terre !

ses brûlantes apostrophes aux

. . . . bourreaux. barbouilleurs de lois !

vinrent rappeler au Comité et aux triumvirs l'imprudent poète.

C'est de ce sombre corridor de gauche qu'a immortalisé Muller, dans son romantique tableau de l'*Appel des Condamnés*, que, dans la lugubre charrette, aux chaînes retentissantes, éclairée de falots aux lueurs sanglantes et fumeuses, par une orageuse soirée de thermidor, partit, avec Boucher, le fade poète des *Mois*, André Chénier, pour aller, à l'avant-veille du jour de la délivrance, à la guillotine, où ce *qu'il avait là* s'enfuit avec son sang.

Les lieux n'ont pas changé ; c'est bien toujours le sombre porche, les hautes mansardes, la porte cochère énorme et trapue, aux vantaux martelés de clous, donnant accès dans une cour aux pavés encadrés d'herbe et barrée en deux par un haut mur. Ce sont encore les mêmes corridors longs et froids, aux dalles cassées, aux portes épaisses, percées de guichets grossiers, les lourds piliers supportant les plafonds aux poutrelles serrées, enfumés et noircis, les larges escaliers cirés aux balustres massifs, aux marches de calcaire bleuâtre, usées par le battement des galoches des prisonniers.

A côté du Dépôt, cette antichambre, autrefois de la mort, que le tableau de Muller a agrandi et dramatisé, se trouve un endroit sinistre, aux vitres épaisses, aux murs rongés de nitre et lépreux d'humidité ; dans un coin, une auge énorme, pleine d'eau croupie. C'est là où l'on fustigeait, jadis, les faiseurs de libelles. Ce cachot lugubre de basse geôle a gardé le nom de *casse-gueule*.

A quelques pas, au bas de quelques marches, un

trou noir, éclairé par son soupirail grillagé, c'est le *cachot des Aînesses*, où les fils de famille qui n'avaient pas voulu se soumettre à la règle austère « de redressement et de pénitence » allaient expier leurs tapageuses fredaines et leur mépris des hypocrisies et des conversions feintes.

Les préaux, sur lesquels s'ouvrent les portes basses des anciennes cellules des Lazaristes, dont les pluies n'ont pu encore laver les numéros, enchâssés dans les hautes murailles, sont glaciales; au milieu, une énorme fontaine de pierre qu'entourent quelques acacias malingres et où pleure l'eau d'un robinet.

Au-dessus de la porte, encore peinte des couleurs nationales, se voit le vieux cadran portant sa devise de mort : *Hæc mea, fortè tua*, et, au fronton d'un autre portail, la vieille horloge qui sonne l'heure aux damnés de cet enfer où l'aiguille

> .... pose cur l'émail brillant.
> Dans les soixante pas où sa course a sonné,
> Son pied sonore et vigilant.

L'apothiquairerie, avec ses vases aux formes antiques, la lingerie ont bien gardé le caractère d'autrefois. L'atelier des détenues de droit commun était jadis la vieille chapelle des Lazaristes; elle a été bien dégradée; on reconnaît encore la forme de l'abside et les voûtes, d'une solidité superbe. La chapelle moderne est contiguë; c'est un bâtiment d'une laideur officielle; l'autel, dominé par une statue médiocre de saint Vincent de Paul, est élevé de six marches. En bas, des bancs barbouillés de couleur jaune, réservés aux condamnées de droit commun; en haut, aux tribunes, les prévenues et les condamnées administratives. Derrière l'autel, une copie de la *Madeleine* de Prud'hon. Dans un campanile, une cloche blanche, d'argent pur, dit-on, tinte les *Angelus* et les heures des offices.

Tous ces bâtiments sont entourés d'un large chemin de ronde ou bordés de bâtisses qui servent de magasins de vêtements et de lingerie pour toutes les prisons de la Seine. A la lingerie, on confectionne les

Les Détenues au Préau

camisoles de force, en toile à voile, pourvues de sept courroies et destinées à mater les furieux, et les suaires en toile grossière dont on enveloppe les morts. Là aussi se trouvent les fours, où l'on boulange pour toutes les prisons du département, et cela en vertu d'une bien curieuse tradition qui remonte à sept ou huit siècles, à l'époque où Saint-Lazare était un hôpital de pestiférés. Les boulangers ayant remarqué qu'ils étaient plus exposés que les autres artisans à contracter la lèpre, probablement à cause de l'action du feu sur la peau, faisaient à la léproserie d'abondantes aumônes de pain et celle-ci, par réciprocité, recevait tous les boulangers atteints de cette cruelle maladie.

Au fond, un jardin triste et vide, planté de vignes grimpantes, de lilas étiques, d'acacias et de sycomores d'un vert gris et terne : c'est le lieu de récréation des nourrices, car, à Saint-Lazare, il naît chaque année une cinquantaine de pauvres bébés. Cette *nursery* en plein air jette dans ce triste refuge une note attendrie.

Non loin, la Morgue, petit bâtiment bas, entouré d'un mur à hauteur d'appui, meublé seulement de trois dalles de pierre, où on expose les corps, et d'une table de fer pour la dissection; dans un angle, le brancard et la bière communs.

On enferme à Saint-Lazare toutes les femmes, sans exception, quel que soit le délit ou le crime qu'elles aient commis. Malgré les règlements et les séparations, il y a, dans une promiscuité fâcheuse et dangereuse, la voleuse de profession, la bonne infidèle, la femme délaissée qui a tenté de se venger, la marchande des quatre-saisons qui a contrevenu au règlement, les filles soumises.

Chaque jour, dans la cour d'entrée, les « paniers à salade » qui viennent du Dépôt vident leur contenu. Les gardiens font la haie et, une à une, descendent toutes ces femmes, sur qui dame police a mis sa rude main, quelques-unes en toilettes tapageuses, d'autres en haillons sordides. Dans le parloir, une religieuse de Marie-Joseph fait le tri.

Les détenues administratives gardent leurs hardes, mais s'encapuchonnent du bonnet noir de la prison. La plupart ont sur leur figure, insignifiante et niaise,

Ex-Libris de la Bibliothèque de Saint-Lazare

un sourire d'inconscience ; quelques-unes ont l'air dur et révolté ; d'autres, hypocrite et sournois. Presque toutes portent dans leur regard le souvenir farouche des errances lugubres et des désespérances maudites.

L'aspect est étrange, dans les longs couloirs

sombres, de ces longues théories de femmes marchant silencieusement en file indienne, escortées des religieuses de Marie-Joseph, calmes et graves, dans leurs longs vêtements de laine, sous leur triple voile blanc, bleu et noir — *æs triplex*.

Parmi ces filles, au front bas, à l'air insolent ou épais, quelques fillettes, poussées sur le fumier parisien, pauvres brebiettes égarées dans cet horrible bercail, au teint de chlorotique ravivé par des yeux chercheurs, charmantes sous la coiffe brune de leur petit béguin ; elles font penser à la pauvre et adorable Manon.

Va-t-elle tomber tout entière, cette vieille geôle, dont le nom sonne comme un glas sinistre, dans laquelle la lèpre du Nouveau-Monde a succédé à celle de l'Orient, qui a renfermé tant de misères, de douleurs et de révoltes ?

Ne va-t-on pas garder une partie de ce *vieil logis*, qui tient une place à part dans les vieilles annales parisiennes ? Qu'on en fasse un musée pénitentiaire, mais qu'on ne vienne pas encore nous jeter bas ces corridors, ces geôles hantées des souvenirs de jadis.

Que la Commission du *Vieux-Paris*, que les Amis des Monuments parisiens jettent un cri d'alarme.

CHAPITRE IV

LES FOUILLES DE LUTÈCE

UN PARISIEN D'ANTIOCHE. — LE MISOPOGON.
— UN HIVER DE PARIS. — UN STOÏCIEN.
— LE CLIMAT DE LUTÈCE. — LE PALAIS
DE LA CITÉ. — « AVE IMPERATOR ».

Les fouilles dans l'île de Lutèce se poursuivent, chaque jour amène des découvertes nouvelles qui apporteront à l'histoire de Paris des documents capitaux.

On vient de découvrir des murs composés de gros blocs de pierre portant des sculptures et des inscriptions qui n'ont pu être encore déchiffrées.

Sont-ce les murs antérieurs de l'enceinte ? Leur distance des bords de la Seine ne permet guère de le croire et ils ne se raccordent pas, comme tracé, avec les points précédemment reconnus et identifiés de cette enceinte.

Un avis qui a été mis en avant par les archéologues les plus distingués est que ces murs parallèles étaient une galerie recouverte qui reliait les temples de la cité au Palais Impérial dont l'*Empereur Julien* (dit l'Apostat), avait fait son séjour, contrairement à l'opinion vulgaire qui veut que Julien ait habité le Palais des Thermes lequel, très probablement, était déjà en ruines à l'époque où Julien habitait Paris. Le séjour de l'Empereur dans sa chère Lutèce est un des chapitres les plus curieux et les moins connus de l'histoire de Paris.

Julien passa à Lutèce les deux hivers de 358 et 359 ; il aimait cette bourgade qu'il appelait *sa chère Lutèce*, où il avait rassemblé, autant qu'il avait pu

3.

Débris Gallo-Romains déterrés dans les fouilles de la Cité

au milieu des batailles, des savants et des philosophes, *Oribase*, un des médecins les plus instruits et les plus célèbres dans la science de son temps, y rédigea son *Abrégé de Gallien*; c'est le premier ouvrage publié dans cette petite cité ignorée et perdue dans les méandres de la Seine qui, destinée à devenir une Athènes nouvelle, la capitale du monde, se colorait déjà des reflets de l'ancienne. Pourquoi le *César*, parmi tant de cités célèbres de la Gaule, Lyon, Vienne, Autun, Orléans, avait-il choisi pour sa résidence cette petite ville ? Fut-il séduit par le caractère de sa population spirituelle, ingénieuse et fine, par son climat doux et constant ?

C'est dans son *Misopogon*, adressé aux habitants de la superbe Antioche, qu'il décrivit l'humble cité si glorieuse et si resplendissante aujourd'hui, tandis qu'on recherche sous les sables du désert où sont les ruines de la magnifique capitale de la Syrie.

« Je me trouvais, dit-il, pendant un hiver, à ma chère Lutèce (c'est ainsi qu'on appelle dans les Gaules la ville des Parisii). Elle occupe une île au milieu d'une rivière; des ponts de bois la joignent aux deux bords, rarement la rivière croît ou diminue; telle elle est en été, telle elle demeure en hiver; on en boit volontiers l'eau, très pure et très riante à la vue. Comme les Parisii habitent une île, il leur semblerait difficile de se procurer d'autre eau. La température de l'hiver est peu rigoureuse, à cause, disent les gens du pays, de la chaleur de l'Océan, qui envoie un air tiède jusqu'à Lutèce; l'eau de mer est en effet moins froide que l'eau douce. Par cette raison, ou par une autre que j'ignore, les choses sont ainsi. L'hiver est donc fort doux aux habitants de cette terre, le sol porte de bonnes vignes; les Parisii ont même l'art d'élever des figuiers en les enveloppant de paille de blé comme d'un vêtement et en employant les autres moyens dont on se sert pour mettre les arbres à l'abri de l'intempérie des saisons (1).

« Il arriva que l'hiver que je passai à Lutèce fut

---

(1) Cela se fait encore à Argenteuil.

d'une violence inaccoutumée; la rivière charriait des glaçons comme des carreaux de marbre. Vous connaissez les pierres de Phrygie? Tels étaient, par leur blancheur, ces glaçons bruts, larges, se pressant les uns les autres, jusqu'à ce que, venant à s'agglomérer, ils formassent un pont.

« Plus dur à moi-même, et plus rustique que jamais, je ne voulus point souffrir que l'on échauffât à la manière du pays, avec des fourneaux, la chambre où je couchais. »

Ces hivers de Paris, qui venaient de lui sembler terribles, habitué comme il l'était d'enfance aux chauds et doux climats de la Grèce, le trouvaient insensible à toutes leurs rigueurs. Il était plus sévère, plus rude pour lui-même, plus stoïcien que s'il était resté chrétien. Un écrivain catholique le reconnaît : « Ce n'est point pour se rejeter dans les mollesses du paganisme qu'il rompit avec la foi chrétienne que son oncle Constantin lui avait imposée, ce fut au contraire pour revenir à toutes les rigueurs de la vie stoïcienne et pour y renchérir avec un fanatisme de philosophe sur les duretés que s'imposaient les anachorètes chrétiens. »

Il consentit cependant, la température devenant insupportable, à faire mettre une sorte de brasero dont les émanations faillirent l'asphyxier.

Dans ce curieux et charmant passage sur Paris, on remarque avec quelle intelligence, avec quelle prescience merveilleuse, quel esprit d'observation, le savant avait deviné à très longue distance les effets du grand courant d'eau chaude, le *Gulf Stream*, qui longe nos côtes pour en adoucir le climat, donne aux îles de la Manche leur perpétuel printemps, et dont la tiède et humide influence se fait sentir à Paris.

Vers la fin de son séjour à Paris, Julien, qui avait refoulé les Germains au delà de Strasbourg, près d'où il les avait écrasés après une mêlée terrible où il les avait chargés à la tête des légions, et n'avait plus d'inquiétudes, quitte son Palais de la Cité, vient s'établir au Palais des Thermes à portée du Camp des légionnaires, où se trouve aujourd'hui le jardin du Luxembourg.

C'est là où ses soldats et le peuple, qui faisait sa première école de révolution, le proclamèrent, malgré son énergique résistance, Empereur et le portèrent en triomphe sur un bouclier, la tête ceinte d'un collier d'or de ceinturion en simulacre de diadème.

Voici le portrait qu'en trace le très catholique Châteaubriand : «Julien avait des vertus, de l'esprit, on a rarement écrit et porté une couronne comme lui ; il détestait les jeux, il était sobre, laborieux, intrépide, éclairé, juste, grand administrateur, ennemi de la calomnie et des délateurs. Il aimait l'égalité et la liberté, il dédaignait les titres de seigneur et maître. Il pardonna à un eunuque chargé de l'assassiner. »

Cependant la fanfare des victoires de Julien sonne aux oreilles de *Constance*. La douce | Impératrice *Eueébie* n'était plus là, elle avait été empoisonnée. Les eunuques rient du *singe velu revêtu de la pourpre*, mais ces rires sonnent faux, l'Empereur, pâle et suant la peur, voit se dresser du fond des brouillards des Gaules un rival redoutable.

Il fallait mettre le jeune César hors d'état de remporter de nouvelles victoires, l'affaiblir, le désarmer et l'empêcher de « prendre son vol dans les régions plus hautes ».

Un tribun lui intime l'ordre impérial de diriger sur l'Orient ses meilleures troupes. C'était la perte de la Gaule, Julien l'écrivit à Constance qui, entêté dans sa haine, persista.

Julien, avec une abnégation superbe, se soumet, il laisse au tribun envoyé par l'Empereur l'élite de ses troupes qu'il avait tant de fois menées à la victoire, il pousse si loin l'obéissance et l'esprit de sacrifice qu'il rappelle deux de ses plus braves et plus fidèles légions. Pour le narguer, le tribun ordonne qu'elles passeront par Lutèce pour être de là dirigées à marches forcées sur l'Orient — Julien va au-devant d'elles, ne leur dit rien des ordres de Constance, elles l'acclament.

Le lendemain, assis sur son tribunal, Julien lit aux soldats le mandement de l'Empereur, les invite à y obéir et leur adresse ses adieux. Les soldats, qui presque tous étaient Gaulois, se rendent à leur camp, frémissants de colère, mais gardant un morne silence, précurseur de la tempête.

Ils adoraient leur général, ils ressentirent vivement l'injure. Vers minuit, à la fin du banquet d'adieu, ils s'échauffent, ils éclatent de fureur et de désespoir. Les clairons sonnent la charge, les épées sont mises au clair et, à la lueur des torches, les légions descendent sur le palais qui est bientôt investi ; les pommeaux des épées sonnent aux portes de bronze et des clameurs véhémentes éclatent : « Julien Auguste! » Julien, qui avait ordonné de barricader les portes, reste enfermé chez sa femme jusqu'au matin. A ce moment suprême, il hésite, son âme est pleine de trouble et d'angoisses. Où est le devoir ? Le philosophe stoïcien le cherche et ne sait où le voir.

Mais, à la prime aube, les légions enfoncent les portes aux cris mille fois répétés de : « Gloire à l'Empereur ! » Julien se dérobe, refuse ; la tempête se déchaîne ; malgré ses protestations on l'élève sur un bouclier comme un roi franck ; on cherche un diadième ; un porte-enseigne, Maurus, le couronne, comme un despote asiatique, de son collier d'honneur militaire. Le sort en est jeté, l'Empire romain avait deux maîtres.

Rentré dans sa chambre, Julien s'endort harassé de cette nuit' de veille et d'alarmes, il raconte qu'en rêve les dieux lui ont apparu lui présentant la pourpre impériale et l'appelant au suprême pouvoir ; il n'hésite plus, il se présente, à ses amis qui l'appellent, radieux et calme, couronne en tête, pourpre aux épaules, sceptre en main.

Si son amour du repos, son respect pour les ordres de l'Empereur, avaient pendant cette nuit terrible angoissé son cœur et torturé son esprit, le devoir impérieux de se défendre et de défendre l'Empire et la civilisation menacés, assaillis par les flots des Barbares, ce rêve, ces visions diverses auxquels il croit

dans sa nature mystique, ont balayé toute incerti-
tude. C'est d'une âme intrépide qu'il regarde l'avenir

L'Empereur JULIEN

et marche en avant, annonçant au monde qu'il est
proclamé Auguste. Il écrit au Sénat et au peuple
d'Athènes; il explique sa conduite : « Il prend Jupi-
ter, tous les dieux protecteurs des villes et des na-

tions pour témoins de son dévouement et de sa fidé-
lité envers le prince meurtrier de son père, de ses
frères, le bourreau de toute la maison », il proclame
que, s'il a tiré le glaive, « c'est qu'il s'agissait moins
de sa propre vie que du salut de la République, de la
liberté du genre humain et de l'existence des Gaulois, que Constance avait deux fois livrés à leurs ennemis ».

Précédé de ces proclamations, à la tête de ses
légions, qui brandissent leurs armes, au milieu des
acclamations des Parisiens qu'avaient charmés sa
bonne grâce, son fécond labeur et surtout peut-être
sa vivacité spirituelle, sa bonhomie narquoise, qui le
faisaient reconnaître pour un des leurs, Julien quitta
pour toujours ce Paris bien aimé qui ne devait plus
revoir que quinze siècles après le couronnement d'un
Empereur.

CHAPITRE V

LE PALAIS DE JUSTICE D'AUTREFOIS

EN ÉTERNELLE RECONSTRUCTION. — ÉVOCA-
TION DU PASSÉ. — AUDIENCES MATINALES.
— ASPECT DE LA GRAND'SALLE. — PILIERS
ET ÉCHOPPES. — COMPAIGNONS, CLERCS
ET PLAIDEURS. — CLERCS ET BAZOCHIENS.
— GALERIES, MERCIERS ET LIBRAIRES. —
LES SERVANTES DE PALLAS.

Depuis le temps où Philippe-Auguste alla habiter
le Palais avec sa femme Augelberg, fille de Kanut III,
roi de Danemark, on n'a cessé d'y travailler, d'y
faire des réparations, des modifications, des constructions. Encore aujourd'hui, au coin du quai Saint-
Michel, un amas de vieilles bâtisses vient d'être démoli
et de nouveaux bâtiments commencent à sortir de
terre, des échafaudages montent dans le ciel.

Et alors que je les regardais, je me sentais, puissance toujours nouvelle de l'imagination et du rêve,
transporté par la pensée au xiiie siècle. Je voyais
d'autres compagnons entreprendre, sous la direction d'un « maçon » illustre du temps, Pierre de Montereau peut-être, la construction de la nef consacrée
au roi de France, non loin de cette autre nef merveilleuse, la Sainte-Chapelle, consacrée à Dieu. Je voyais
Louis IX placer son trône dans la salle achevée, y
recevoir les ambassadeurs, délibérer les affaires de
l'Etat, rendre la justice dans les grandes causes pendant que les sires de Joinville, de Soissons et de
Nesles, envoyés aux plaids de la porte, expédiaient
les minces différends, et, « s'ils ne les pouvaient dépê-
cher, amenaient devant le saint homme roi les plai-
doyeurs pour être mis par lui en raison et droiture ».

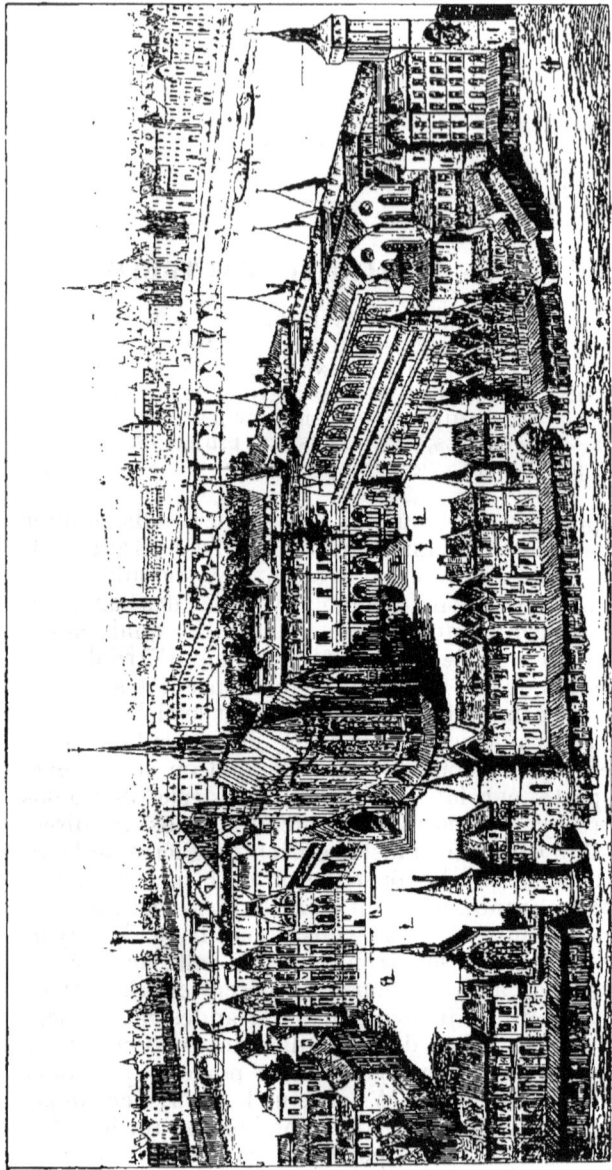

Palais de Justice

Ch. Fichot del

LA GALERIE DV PALAIS

Tout ce que l'Art humain a jamais inuenté,
Pour mieux charmer les sens par la galanterie,
Et tout ce qu'ont dispas la Grace et la beauté,
Se descouure a nos yeux dans cette Gallerie.
Bosse in eff.

Icy les Caualiers les plus aduantureux
En lisant les Romans s'animent a combatre,
Et de leur passion les Amans langoureux
Flattent les mouuemens par des vers de Theatre.

Icy faisant semblant d'acheter deuant tous
Des gands, des Euantails, du ruban, des dantelles,
Les adroits Courtisans se donnent rendez-vous,
Et pour se faire aimer galantisent les Belles.

Icy quelque Lingere a faute de succez
A vendre abondamment de celere se picque
Contre des Chiccaneurs qui parlant de procez,
Empeschent les Chalands d'aborder sa boutique.

A Paris sur le pont au Change à l'Enseigne de Blanc le jeune garçõ Auec Priuilege du Roy

Depuis ces temps jusqu'au jour où, dans la même salle, la reine Marie-Antoinette viendra subir l'interrogatoire d'Herman, la déposition d'Hébert et le réquisitoire de Tinville, que d'événements se succèdent ! Vous ne pouvez toucher aux annales de la Grand'Chambre sans remuer du même coup le passé de la France.

La question des agrandissements et de l'isolement de cet antique monument a été agitée depuis bien des années et, à force de faire du neuf, on ne reconnaîtra bientôt plus le vieux. N'étaient la Sainte-Chapelle, la *Grand'Salle* et les grosses tours du quai de l'Horloge, que retrouverait-on de l'ancien Palais de la Cité? Presque rien.

Et sa physionomie, combien s'est-elle modifiée ! Qu'on me permette de revenir en arrière et d'évoquer ce passé curieux :

Le Palais, après avoir, durant plusieurs siècles, abrité les chevaliers et hommes d'armes, offrit un asile définitif aux légistes. Peu accessible jusqu'ici au populaire, il l'appela désormais dans son enceinte. L'ancienne Grand'Salle, édifiée sur l'ordre de Philippe le Bel, par Enguerrand de Marigny, comte de Longueville, surintendant des Finances et général des Bâtiments du roi, devint le magnifique rendez-vous judiciaire de la France. On n'y accourait pas seulement de tous les coins de Paris, mais encore, comme le disait déjà une ordonnance de Philippe IV, mentionnée par M. Desmaze, « de toutes les parties du monde, les uns pour apprendre et demander droit, les autres pour voir l'estat de governer justice ».

Aussi quelle affluence au Palais et quelle animation ! Tout y convergeait; de là tout rayonnait.

Ces magistrats devaient être rendus à l'audience à 6 heures du matin, dès que les trompettes avaient sonné du haut des tours la séance judiciaire; ils ne devaient s'absenter que pendant la *buvette*, sous peine de privation de leurs gages. Ils touchaient cinq sols parisis par jour, sans compter les épices qu'ils recevaient des plaideurs, mais « Messieurs se trouvaient empêchés de tant de confitures et dragées qui leur gastaient les dents et aimant mieulx toucher deniers ».

Les conseillers arrivent au pas discret et trottinant de leurs mules ; ils montent à la chapelle Saint-Nicolas entendre la messe. Pendant ce temps, la Grand'Salle s'emplit d'une foule incongrue et hurlante de laquais, de ménestrels, de bateleurs, d'écrivains publics, de clercs, de merciers. Autour des piliers se groupent tous les procureurs et les huissiers, chats-fourrés et grippeminauds, qui s'apprêtent à happer le plaideur.

Les échoppes qui la garnissent de tous côtés se sont ouvertes. Bientôt commence là une mêlée indescriptible. Cris des laquais, disputes des pages, appels des cabaretiers d'alentour, hennissements et piaffements des chevaux tenus en laisse, ruades des mules, chants et musique des ménétriers du Nord et des jongleurs de Provence, boniments des bateleurs et montreurs de singes, huées, noëls, malédictions, éclats de rire, rixes, batteries, intervention des hommes d'armes ; le bruit devient assourdissant, c'est une foire. Confusion de voix, tourbillon de gestes, fourmillement d'hommes. Spectacle étrange et toujours nouveau dont les badauds de la bonne ville de Paris, qui se levaient alors de meilleure heure, ne manquent pas de se régaler chaque matin, apportant avec eux, comme de raison, leur riche contingent de tumulte.

Peu à peu, une accalmie relative se dégage de cette tempête. Les plaideurs (c'étaient ordinairement gens de qualité et souvent de la plus haute), se rendent à la Grand'Salle. Soucieux, ils ne jettent qu'un regard distrait aux étalages de MM. les merciers ; mais ils ne peuvent s'empêcher d'admirer les merveilles de construction qui s'imposent à leur regard, l'immensité de l'enceinte, les doubles arceaux de la voûte ogivale, les sept piliers de bois sculpté qui la partagent dans sa longueur, les lambris qui la recouvrent, l'éblouissement des lys d'or se détachant de tous côtés sur l'azur et les statues des rois de France, « les uns ayant les mains hautes et les autres basses et pen-

dantes, pour diversifier les infortunez et fainéans des
valeureux », statues si parfaites : *ut primitus inspi-
ciens*, dit Jean de Joudun en 1323, *ipsa fere judices
quasi viva*, et le pavé, immense damier de marbre
blanc et noir, et les énormes cheminées, travaillées,
fouillées, ciselées, comme des reliquaires, et cette célèbre table de marbre que Guillebert de Metz, qui
écrivait sous Charles VI, dit avoir été composée de
neuf pièces, mais que Froissart et tous les autres
auteurs nous représentent comme la plus belle tranche
connue au monde.

La foule a pénétré à son tour. D'un côté, à l'occident de la Grand'Salle, dans l'espace occupé par les
quatre piliers marchands, avance, vire de droite
et de gauche, circule, se presse, se confond et s'agite
le peuple de curieux ; dans la partie orientale qui avoi-
sine le parquet des huissiers et la chambre des plaids
du Parlement, du monde des plaideurs et des cha-
perons noirs se meut avec non moins d'animation
autour des piliers judiciaires. Là sont les bancs que
M. le bailli du Palais loue moyennant bonne finance.
Les « compaignons, clercs et escrivains fréquentant
le Palais », constitués par acte du 17 juin 1341 en
confrérie de procureurs, donnent leurs consultations.
Les notaires qui, le 29 novembre 1570, obtiendront
la concession d'une salle particulière « où ils puissent
retraire pour signer leurs lettres et parler ensemble
et où les bonnes gens qui auront à faire à eux les
puissent plus aisément trouver » revoient leurs écri-
tures. Les avocats se promènent, avocats consul-
tants, avocats plaidants, avocats écoutants, les uns
graves et dignes, recevant du client les inspirations
suprêmes, les autres gais, alertes, loquaces, grands
discuteurs de petits riens, colporteurs de nouvelles et
diseurs de bons mots. Parfois, les huissiers de la
Grand'Chambre, payés en 1363, 2 sols par jour et
100 sols pour robes par an, viennent à la porte crier
une nouvelle cause. Le cri se répercute à travers les
arceaux sonores. Les noms cités volent de bouche
en bouche.

Les procureurs se hâtent, les avocats se précipitent. Une forte amende (en 1453, elle n'était pas moins de 10 livres) est infligée à ceux qui n'assistent pas leur partie. Un courant se produit dans cet océan d'hommes; puis les vagues reprennent leur mouvement ordinaire.

Les clients attendent le moment de comparaître ou de conférer avec leurs Conseils, ou de « fourrer la paulme » à l'huissier, ou de solliciter les juges. L'escalier de la grande cour amène sans cesse, comme une marée montante, de nouveaux visiteurs. A travers toute cette affluence d'avocats, de notaires, de procureurs, d'huissiers, de sergents, de plaideurs, de curieux, de témoins, de marchands et d'étrangers, s'éparpille la multitude turbulente des clercs courant à travers les piliers, portant les sacs, cherchant les maîtres, entrant, sortant, jouant de mauvais tours aux bourgeois, faisant la cour aux marchandes, causant souvent du scandale, organisant des parties de dé sur les marches de l'escalier, le long des galeries et jusqu'aux bords de la Grand'Chambre.

Par un usage qui remontait au delà du règne de Philippe le Bel, les galeries qui régnaient sur toute la longueur du bâtiment principal étaient, de droite et de gauche, ornées de boutiques élégantes où les produits des arts, des sciences étaient étalés le jour et la nuit. Des marchands de superbes étoffes, des libraires, des armuriers, des trafiquants de parfums et de fleurs artificielles, des cordonniers, des opticiens, des luthiers, des vendeurs de porcelaine de Saxe et Chine, des sculpteurs et imagiers, des marchandes de modes occupaient ces boutiques qui attiraient, dans la longue et belle galerie du Palais, une affluence considérable d'étrangers. Le cardinal Bentivoglio, nonce du Saint-Siège en France, écrit, en 1616 : « Je n'ai rien vu de si attrayant et de plus véritablement aimable que la galerie du Palais et notre Italie ne présente dans aucune de ses villes une promenade couverte aussi charmante et aussi animée. Figurez-vous deux rangées latérales de boutiques qui sont autant de bonbonnières et de petits temples dédiés à toutes les divinités de la mode et du goût, des marchandes, aussi jolies que des Romaines, aussi pétulantes que des Vénitiennes, aussi pimpantes et éveillées que des Florentines, se tiennent dans ces boutiques et attirent les chalands par la magie d'un sourire ou par l'éloquence d'un regard... Aussi le Palais est-il fréquenté par les jeunes seigneurs de la Cour avec une espèce de frénésie, et il n'est pas rare d'y rencontrer pêle-mêle les plus grands seigneurs, les plus riches bourgeois et même trop souvent, hélas ! quelques dignitaires de l'Eglise... déguisés. »

Ces boutiques, petit à petit, avaient atteint effrontément, à mesure que l'espace s'ouvrait devant elles, les extrémités même de la Grand'Salle. Rien de plus pittoresque que le spectacle de ces boutiques désordonnées, suspendues ainsi que des plantes grimpantes aux vieilles murailles. Tout cela bruissait joyeusement et, par la variété, réjouissait le regard. Auvents, boutiques, enseignes, comptoirs, selles, chevalets, escabeaux s'éparpillaient à l'envi, se pressaient, montant les uns sur les autres, ici un peu isolés, là formant grappe ou s'étendant en masses touffues. Les échoppes de la Grand'Salle et celles de la Salle des Merciers étaient, comme nous dirions aujourd'hui, de première classe; elles constituaient, au milieu de cette foule marchande, l'aristocratie boutiquière. Devaient-elles être considérées comme meubles ou comme immeubles? Brodeau sur Louët et Bacquet dans ses *Questions sur les baux des boutiques du Palais* citent des arrêts rendus en sens divers par le Parlement, mais la jurisprudence se fixa dans le sens de la deuxième opinion, confirmée d'ailleurs plus tard par les déclarations royales. Quoi qu'il en soit, les marchands de Paris ne reculaient devant aucun sacrifice pour obtenir de M. le bailli la location du domaine royal, et les chalands devant aucune peine pour les pouvoir visiter fréquemment.

C'est que l'ancienne salle des Pas-Perdus était bonne aux uns et aux autres.

D'abord centre judiciaire, elle était devenue assez vite un centre commercial. Quoi d'étonnant? C'était là le seul endroit de Paris où les marchandises pussent s'offrir en tout temps à la vue et solliciter l'acheteur. Dans les rues étroites, tortueuses, puantes, privées d'air et de soleil, les boutiques du rez-de-chaussée n'avaient rien alors qui invitât le passant à s'arrêter devant elles.

Dans le petit poème latin où il célèbre, en 1451, les louanges de Paris, Astésan ne consacre que trois ou quatre vers à l'éloge du Palais, considéré comme résidence du Parlement; mais il ne met plus de bornes à son lyrisme lorsqu'il vient à chanter ses merveilles commerciales : « On trouve là, dit-il, tout ce qui peut s'acheter avec beaucoup ou peu d'argent; les vêtements vieux ou neufs semblent avoir été façonnés par les mains d'Arachné; celles qui vous les offrent ressemblent à des servantes de Pallas vendant leurs tissus superbes ; soie et pourpre éclatantes, vous trouvez là tout ce qui peut servir à la parure des jeunes filles, des mères, des enfants et des hommes. Voyez ces beaux objets d'or, d'argent, de cuivre, de tous métaux; et puis encore l'assortiment des joyaux et pierres précieuses et les livres qui ont rapport à chaque profession. » Enfin :

Cunctaque quæ miseris possunt mortalibus ullas
Ferre voluptates illâ venduntur in aulâ.

Une pièce de vers assez médiocre nous donne la physionomie bien vivante de cette foire perpétuelle :

Tout ce que l'art humain a jamais inventé
Pour mieux charmer les sens par la galanterie,
Et tout ce qu'ont d'appas la grâce et la beauté,
Se découvre à nos yeux dans cette gallerie.

Icy les cavaliers les plus adventureux,
En lisant les romans, s'animent à combattre
Et de leurs passions les amants langoureux
Flattent les mouvements par des vers de théâtre.

Icy, faisant semblant d'acheter devant tous
Des gants, des éventails, du ruban, des dentelles,
Les adroits courtisans se donnent rendez-vous
Et pour se faire aimer galantisent les belles.

Les merciers partageaient avec les libraires le privilège des étalages achalandés. Le premier libraire qui s'installa dans la Galerie Mercière fut, en 1477, Jean Verand, qui édita nos romans de chevalerie. Galliot vint au commencement du xve siècle inaugurer la publication des livres de droit français. La grande salle fut envahie, elle devint insuffisante, on leur livra la galerie qui longeait la Conciergerie. Le fameux Barbin chanté par Boileau était en face l'entrée de la Sainte-Chapelle.

> Par les détours étroits d'une barrière oblique
> Ils gagnent les degrés et le perron antique
> Où sans cesse étalant bons et méchants écrits,
> Barbin vend au passant des auteurs à tout prix.

Plus loin, Rocolet aux *Armes de Paris*, Guillaume au *Nom de Jésus*, Guignand au *Sacrifice d'Abel*.

Les merciers, avec les libraires, avaient seuls le droit de tenir boutique à l'intérieur du Palais. C'étaient les grands marchands de nouveautés de l'époque; ils vendaient soieries, étoffes d'argent, chapeaux, couronnes, etc. Les demoiselles de boutique qui faisaient l'article, galamment décorées du nom de servantes de Pallas, ne passaient pas pour des dragons de vertu.

La gravure d'*Abraham Bosse*, dont nous donnons une reproduction, est très vivante et très parlante. Trois boutiques y étalent leurs marchandises. A droite, celle de la lingère marchande de frivolités, qui attire d'une œillade le galant vers son étalage où se vendent éventails, gants, nœuds de rubans, etc. A côté est la boutique d'A. Courbé, qui, en 1637, vendait la *Marianne* de Tristan. Sa devise était : *Curvata resurgo* (courbée, je me relève).

Mais tous les marchands prenaient des libertés grandes avec dame Thémis, qui, par l'organe de son bailli du Palais, dut mettre des bornes à leurs empiétements. Par ordonnance de mai 1716, il leur fit défense d'ouvrir boutique les dimanches et fêtes, sous peine de 100 livres d'amende; aux cabaretiers, limo-

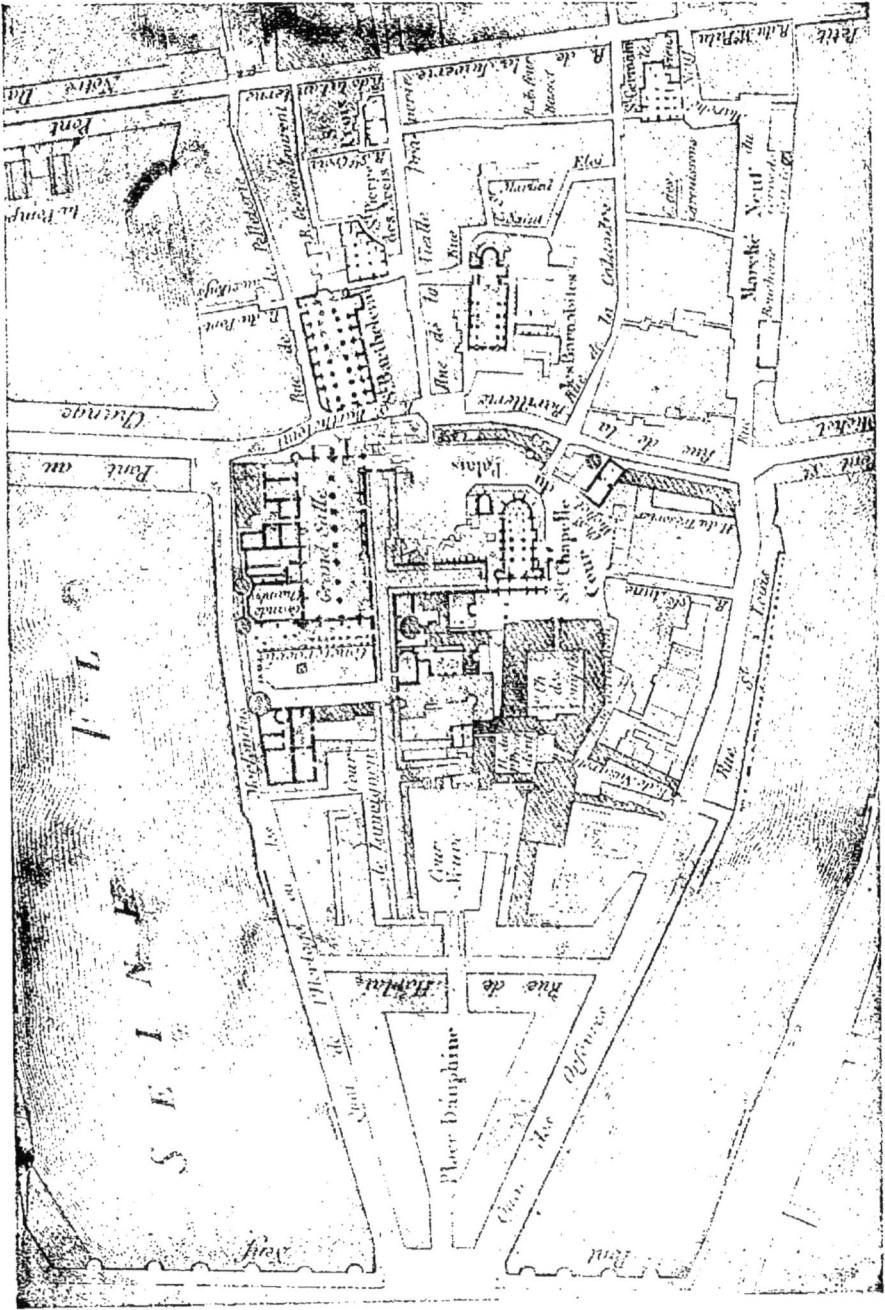

SEINE

Pont Neuf

Grand Salle

Ste Chapelle

Cour du Palais

Place Dauphine

Rue de Harlay

Marché Neuf

Quai des Orfèvres

nadiers et autres de donner à boire ou manger ces
jours-là, durant les offices; aux merciers, orfèvres
et libraires des galeries, de laisser leurs enfants, gar-
çons, apprentis, filles de service jouer dans les cours
et salles aux barres, aux sabots, au volant; à tous,
« de faire la cuisine dans leurs boutiques, ce qui pourrait incommoder leurs voisins et avoir des suites
fâcheuses, et d'élever, dans l'enclos, des porcs, coqs,
poules, lapins, etc. ».

Il paraît que les négociants sou-mis à la juridiction du bailli étaient quelque peu indiscrets et
intempérants dans leur zèle commercial, car il
leur reproche « d'appeler les passants à l'envi les
uns des autres, même de les arrêter par le bras »,
et il condamne sévèrement ces pratiques. L'ordonnance enjoint à toutes personnes de se com-
porter avec décence pendant les messes qui se disent
en la Grand'Salle et de n'y point amener de chiens, à
peine de 10 livres d'amende. Les boutiquiers des
salles et galeries doivent fermer leurs échoppes à
7 heures du soir en hiver et à 8 heures en été, dès que
les trompettes du Palais auront fait leur sonnerie.
Les portes de la grille resteront ouvertes de 5 heures
du matin à 11 heures du soir, du 1er mai au 1er novembre, et de 6 heures à 10 heures du 1er novembre au
1er mai. Les portiers sont invités à porter respect aux
domiciliés et à ceux qui auront affaire à eux; s'il
survient, dans la nuit, délit, rixe ou tapage, ils aver-
tiront l'officier du bailliage le plus prochain. Le
bailli du Palais interdit enfin aux ouvriers et compagnons orfèvres de venir « en robe de chambre, bonnet, tablier ou autre habillement indécent » et « à
tous écrivains de paraître, pris de vin, dans la Grand'-
Salle, d'y chanter, blasphémer ou de fumer leur
pipe ».

CHAPITRE VI

LE TOMBEAU DE LA VALLIÈRE

LA CHASSE AUX SOUVENIRS. — LA FIN D'UN
MARTYRE. — SŒUR LOUISE DE LA MISÉRICOR-
DE. — LE FIEF DES TUMBES. — LA THÉBAI-
DE DE PARIS. — LES BELLES PÉNITENTES.

Le vieux parisien, badaud par naturel et flâneur
par tempérament, qui a le culte de son vieux Paris
jusqu'en ses verrues, sait trouver dans des coins de
rue, au fond d'une cour, les débris encore debouts,
mais chaque jour plus rares qui surnagent du passé,
au-dessus du flot de la ville neuve.

Dans une rue moderne, la rue Nicole, à travers
une porte à claire-voie, il allait au milieu de sa chasse
aux souvenirs, voir un petit monument presque enfoui dans des matériaux de démolition et dont on
remarque l'architecture élégante et sobre, la haute
toiture dentelée comme le dos d'un squale, la porte
au fronton curieusement fouillé du monogramme de
Jésus et de Marie, et où se détache une tête d'ar-
change au milieu des draperies de pierres.

C'est un petit oratoire du XVIIe siècle, pur Louis
XIII, perdu autrefois dans les bocages ombreux du
grand clos des Carmélites et qu'a décrit A. Dumas
dans un de ses romans célèbres « *les Mohicans de
Paris* ». C'est dans cette petite chapelle, ce lieu de ra-
fraîchissement et de paix que les belles pécheresses
d'antan, les étoiles qui gravitaient autour du Roi-
Soleil, allaient pleurer leurs faiblesses passées et leurs
amours défuntes. Que de larmes versées par de beaux
yeux qui avaient fait mourir d'amour tant de brillants
papillons de cour, que de soupirs sous ces seins qui

Maison de Mlle de La Vallière, dans l'ancien Jardin des Carmélites

« avaient été l'ornement des fêtes de la cour » comme
disait un bel esprit de l'époque.

Là, la belle Mme de Longueville, la sœur du grand
Condé, la reine de la Fronde, allait rêver ses ambi-
tions premières et oublier Turenne qui,

> . . . . pour plaire à ses beaux yeux,
> A fait la guerre aux rois et l'aurait faite aux dieux.

La pauvre duchesse de La Vallière, sœur Louise de
la Miséricorde, y vint souvent dans la solitude, chercher l'oubli des amours et des grossièretés du demi-
dieu en perruque à qui elle avait donné tout son cœur,
la pauvrette, et comprendre enfin quel être égoïste,
dur et féroce était Louis XIV, le héros en qui elle
avait confiance, amour et foi.

Le jour où elle prend le voile, toute la Cour se presse
à la petite chapelle des Carmélites. C'est une belle première. Mme de Sévigné constate que l'ex-amante du
Roi est fort jolie en religieuse. Le voile encadrait cette
mignonne figure, charmante à sa fraîcheur d'aurore,
pâlie par la douleur, ses grands yeux profonds et
mélancoliques, voilés par de longs cils où se lisaient
les tristesses et les humiliations éprouvées.

« Cette pauvre victime de la pénitence » comme
l'appela Bossuet à sa prise de voile, dont les plus
rebutantes austérités, les plus cruelles mortifica-
tions n'avaient pu dompter le pauvre cœur endolori,
mit trente-six ans à mourir.

Son corps émacié par les pénitences et les tortures
fut déposé dans la petite chapelle où elle venait presque chaque jour s'abîmer dans la prière, il y resta
longtemps.

Quelque temps avant la Révolution, il en fut retiré
et enseveli dans le petit cimetière de la communauté
qui était contigu.

Mais c'était encore l'expiation par delà la tombe.
La pauvre sœur Louise allait là se trouver au milieu
des réprouvés et des damnés. Le *terroir* des dames du
Carmel était jadis le *fief des Tumbes*, le grand cimetière gallo-Romain du troisième siècle, le sanctuaire

sépulcral des *Aliscamps* abhorrés des chrétiens où, la
long de la route d'Italie qui, par la suite, devint le
voie d'*Enfer*, Lutèce enterrait ses morts.

Rien que dans l'enclos des Carmélites, on trouva
plus de cinq cents sépulcres avec vases du festin fu-
nèbre, urnes lacrymatoires. Et combien sont encore
ensevelis, dans le vieux tuf gallo-romain recouvert
des alluvions modernes !

Pour purifier ce maudit *Val de Misère* que hantait
le diable Vauvert qui, là, retrouvait les siens, les
païens maudits, on édifia une église dédiée à Saint-
Michel, l'éphèbe vainqueur de Lucifer, le lancier
paradisiaque, le rayonnant général des milices célestes.

En 1604, l'église fut cédée à des Carmélites, qui
arrivaient du couvent d'Avila que les visions, les hal-
lucinations et les crises d'hystérie de la séraphique
sainte Thérèse venaient de rendre célèbre. Elles inau-
gurèrent leur nouvel asile en grande pompe; le jour
anniversaire de la Saint-Barthélemy, elles y vinrent
en procession solennelle, à grand renfort de bannières
et exhibition de reliques.

Quelques *libertins* de l'époque les escortèrent avec
des violons qui sonnaient une bergamasque endia-
blée.

Cela devint une rage; la mode consacra les nouvelles venues; il fut de bon ton d'aller faire retraite
au Carmel. Courtisanes désabusées, pécheresses
repenties, maîtresses délaissées, venaient, se faire
ermites et consacrer à Dieu les restes d'un cœur qui
avait brûlé d'autres flammes et d'ardeurs éteintes.

Tous ceux qu'avait blessés la vie allaient, dans ce
que le jargon néo-chrétien du jour appelait la *Thé-
baïde de Paris*, essayer d'oublier dans la monotonie
de la règle, leurs amertumes et leurs désillusions d'am-
bition et d'amour.

Le quartier devint le lieu de prédilection des grandes communautés religieuses où allaient s'ensevelir
tous les énervés et les fourbus de l'existence.

En femmes pratiques et à qui rien de ce qui touche
le cœur féminin n'était étranger, les Carmélites firent
construire en façade sur la rue d'Enfer — pavée de

bonnes intentions — de petits hôtels avec porte ouvrant sur le cloître, de sorte que les belles repenties avaient encore un pied dans le monde, et un autre dans le ciel, avec lequel il est des accommodements.

Toutes les hautes dames, d'illustres seigneurs, les grandes amoureuses cherchant à racheter les péchés d'antan et pris d'une sainte peur des flammes éternelles, voulurent être enterrés dans le « céleste enclos ».

On briguait les sépultures. Les duchesses *de Montpensier, de Longueville, de Chevreuse, de Brissac, de Vintimille, de Boufflers* s'y firent ensevelir dans la robe de bure qui devait, au moment de comparoir devant le Très-Haut, purifier leurs corps des souillures du péché, près de cette chapelle qui, demain peut-être, si l'on ne s'en occupe, va être débitée en moellons.

Le couvent fut supprimé en 1790, l'église démolie, l'enclos morcelé, à travers lequel on perça les rues du Val-de-Grâce et Nicole.

Il ne reste plus d'inexploré que le terrain qui environne la chapelle, où, sans doute, erre l'âme de Cousin parmi ses grandes héroïnes.

Les fouilles probablement nous réservent des surprises.

La commission du *Vieux Paris* vient de dire adieu ces jours derniers à ce petit oratoire que, malgré tous ses efforts, va jeter bas la pioche des démolisseurs. Nous avons pu sur les murs déchiffrer encore quelques inscriptions :

Ecoutez, ma fille ! Oubliez tout le monde et la maison de votre père !

Amour qui brûlez toujours, sans jamais vous éteindre, embrasez-moi !

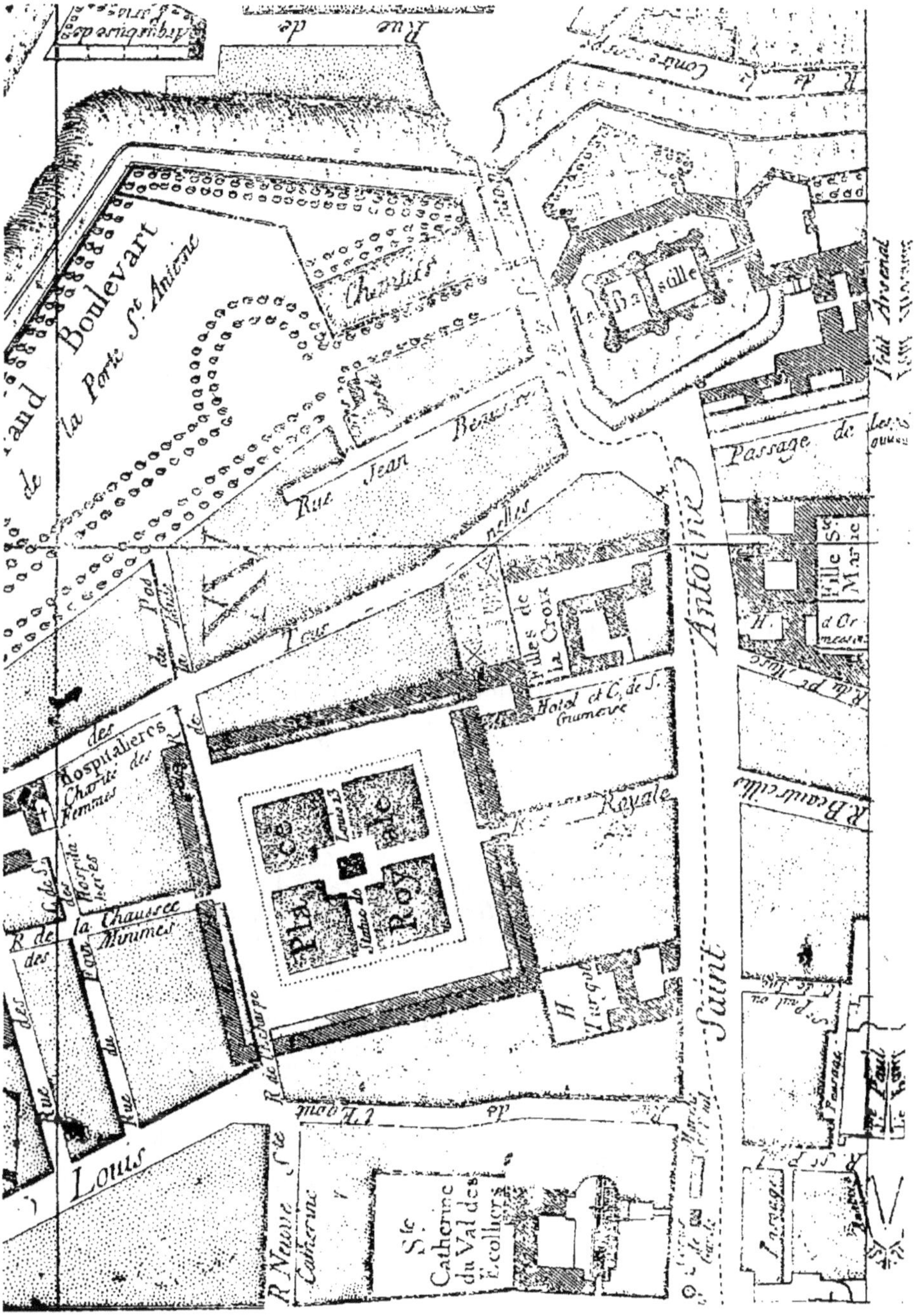

Grand Boulevart

de la Porte St Antoine

Rue de Charonne

Rue de Charenton

Bastille

Rue Jean Beausire

Rue des Tournelles

Passage de

Fille Ste Marie

Hospitalieres Charité des Femmes

Hôtel et C. de S. Gourneire

Filles de la Croix

Royale

Place de la Place Roy.

R de la Chaussée des Minimes

Rue de la Tour des Minimes

Rue de la Roche

R Neuve Ste Catherine

Ste Catherine du Val des Ecoliers

Louis

Rue Saint Antoine

R. Boudreau

Passage

CHAPITRE VII

LA MIGRATION DE PARIS

UNE LOI DE DÉPLACEMENT. — D'ORIENT EN
OCCIDENT. — LE CENTRE DE PARIS. — LE
MARAIS, LE LOUVRE, LE PONT-NEUF. — LE
PALAIS-ROYAL. — LES BOULEVARDS. —
EN MARCHE VERS L'ARC DE TRIOMPHE.

« Prenez les plans de Paris à ses divers âges, a
écrit Hugo; superposez-les un à l'autre concentri-
quement à Notre-Dame, vous croyez voir, au bout
d'une lunette, l'approche grandissante d'un astre. »
L'image est belle et juste, c'est bien l'approche d'un
astre, mais d'un astre dont le centre se déplace.

Par une sorte de phénomène, lent mais continu,
Paris, depuis qu'il est sorti des boues de Lutèce, s'est
toujours avancé vers l'Ouest. Prenons-le au commencement du moyen-âge. Sur la rive droite, Dagobert habitait, avec la bonne reine Nanthilde, son *cas-
tellum* de Reuilly. Nos rois vinrent ensuite s'établir
dans les palais de la Cité et, au Marais, dans l'hôtel
Saint-Paul, l'hôtel des *Grands Esbattements* et dans
l'hôtel des Tournelles; autour d'eux se groupèrent
les officiers du palais, les commerçants et les *gens de
métier* à l'industrie desquels la demeure royale donnait
l'impulsion et la vie : les bijoutiers, les changeurs, les
banquiers, les tapissiers, les drapiers habitèrent les
rues Saint-Antoine, de la Tixeranderie, Saint-Merry,
du Temple.

Quand le Louvre succéda comme demeure royale
à ces deux palais qui étaient déjà en ruines quand
François Ier les fit démolir, le Paris commerçant se
déplaça et vint s'établir dans les rues avoisinantes de

l'Arbre-Sec, Saint-Honoré, des Bourbonnais. Les parlementaires et gens de robe, amoureux des quartiers
paisibles, bâtirent dans le Marais, abandonné par la
noblesse et les industriels qui vivaient de ses dépenses, ces vieux hôtels majestueux et sévères qu'a
envahis aujourd'hui la petite industrie de l'article de
Paris. On faisait bâtir à l'envi sur les jardins exposés au soleil levant; aussi, le plus grand effort architectural civil et le plus caractéristique du goût français s'est produit dans ces parages. Le Marais, avec
ses hôtels tout battant neufs, ses jardins bien alignés,
ses colonnades, ses porches, ses balcons ouvragés, ses
fenêtres vitrées, ses rues pavées et éclairées, apparut
comme une splendide nouveauté. Il frappait l'attention de l'étranger, tout autant que peut le faire, aujourd'hui, la plus jolie partie des Champs-Elysées.

Sur la rive gauche, à l'ouest du quartier de l'Université, tout le faubourg Saint-Germain fut construit.
Pendant toute cette période, le pont Neuf était le
vrai centre de Paris. Que demandait d'abord un étranger en arrivant à Paris au cours du XVIIe siècle? Le
pont Neuf; c'était toujours au pont Neuf qu'il se
faisait conduire, avant le Louvre, avant Notre-Dame.
C'était une foire perpétuelle de chanteurs, de pail-
lasses, de marionnettes, de charlatans, de marchands.
Sous la Régence, il fut abandonné, il n'y resta plus
guère que les recruteurs.

Sous Louis XIII, Paris avait pris déjà une extension énorme vers le Nord-Ouest. On démolit de ce
côté la vieille muraille de Philippe-Auguste et on fit
une nouvelle enceinte de la porte Saint-Denis à la
Seine, l'enceinte des *fossés jaunes* comme elle fut appelée, à cause de la couleur des sables qui en furent
extraits, et derrière ce rempart un nouveau et riche
quartier se forma et un nombre considérable de rues
s'ouvrirent : les rues du Mail, de Cléry, Saint-Augus-
tin, des Petits-Champs, Sainte-Anne, Richelieu, Vi-
vienne, bordées en peu de temps de grandes maisons et d'hôtels superbes. Tout le grand commerce,
toute la haute bourgeoisie y élurent domicile.

Mais c'était au Palais-Royal que le volage Paris

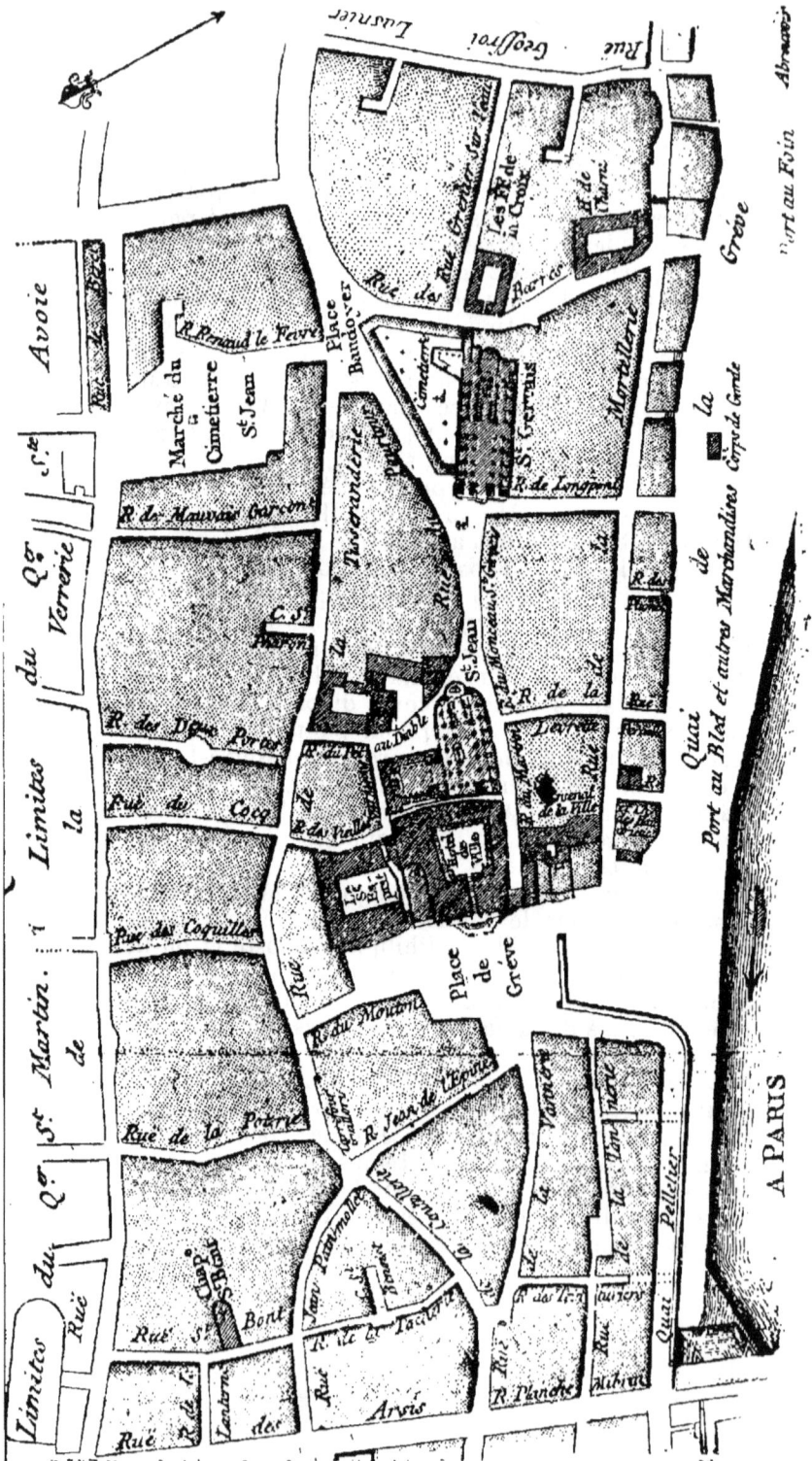

Limites du Q.er St. Martin. Limites de la Q.er Verrerie. St.e Avoie

Rue

Cha. P.e S.t Blaise
Ruë St. Bont
R. de la. Venture
Ruë des
Arsis
R. Planche Mibray

Rue de la Prairie
Rue des Coquilles
Ruë du Coq
R. des D.ers Por ...
R. de Mauvais Gar ...
Marché du Cimetiere St Jean
R. Renaud le Fevre
Rue du Bezil

R. Jean de l'Epine
R. du Mouton
R. du Vieil
C. S.t Martin
la Tixeranderie
Place Bandoyer

au Diable
S.t Jean
Rue ...
Rue Geoffroi Lasnier
Les P.t de la Croix
H. de Barre
Barres
R. des
R. de Longpont
St. Germain
Comedens
S.t ...
la Van ... nerie
la Tan nerie
Mon ... au S.t Esprit
la Marcherie
A ... à la Cité
R. de la Cité
Quai
Port au Blad et autres Marchandises
Grève
P.rt au Foin
Abreuvoir

Ruë
Quai Pelletier
la Van nerie
R. des T ... Lauriers
l'Arche
R. de la Vanerie
Greve de la Ville
Hôtel de l'Ille
S.t Es prit

Place de Grève

A PARIS

□ la
Corps de Garde

avait transporté sa rumeur joyeuse et son activité
fiévreuse.

On sait quelle fut pendant un siècle la vogue du
Palais-Royal, vogue dont la tradition est encore vivace en province. C'était le centre d'attraction, le
cœur du Tout-Paris d'alors. Aujourd'hui c'est une
nécropole. La solitude de ces galeries solennelles qui
retentissaient jadis de l'éclat des fêtes, de l'éblouissement des orgies, est absolue.

En 1830,

> .... La cohue
> Vint à la rue Royale ainsi qu'aux boulevards.

Mais le *Boulevard*, jusqu'à la guerre, c'était le boulevard Montmartre et le boulevard des Italiens. Jamais, sous l'Empire, un boulevardier endurci n'aurait traversé la place de l'Opéra. Puis l'ouverture de
la place de la Concorde donne un autre coup de bas-
cule. Les Champs-Elysées sont amorcés. Napoléon
plante, au bout, l'arc de Triomphe comme une porte
ouverte sur l'infini; les larges avenues sont tracées
et développent les perspectives de l'Etoile. Tout se
porte de plus en plus à la Madeleine et à la
rue Royale dont les hautes et majestueuses façades
Louis XIV sont aujourd'hui constellées d'enseignes
dorées et de placards de marbre des bijoutiers et des
restaurants de nuit. La plaine Monceau, Passy, les
entours de l'Arc de Triomphe se couvrent de nombreuses maisons. Paris va de plus en plus s'avançant
à l'Ouest. Dans quelques années les Champs-Elysées
deviendront, avec leurs nouveaux théâtres, leurs bals,
leurs concerts, leur éclairage électrique, un grand
centre d'attraction.

Le Champ de Mars se couvre de constructions superbes. Un nouveau quartier s'élève dans la plaine de
Grenelle.

Sous cette poussée irrésistible, les fortifications du
secteur ouest tomberont malgré les résistances du
génie, dont le *veto* vient cependant d'être vaincu par
la ténacité de M. Brousse.

Et ce n'est pas Paris seulement qui est entraîné de l'Est à l'Ouest par cette loi mystérieuse de déplacement qui le fait glisser comme un fleuve, en latitude, suivant la marche apparente du soleil; Londres, Pékin, Vienne, Berlin, New-York obéissent à la même poussée. Chose curieuse, c'est la même direction que celle des migrations, qui sont aussi soumises à cette loi fixe de mouvement, comme les corps obéissent aux lois de la pesanteur. Tous les grands mouvements migrateurs des peuples de race blanche, toutes les grandes invasions, se sont faits en sens contraire au mouvement de rotation de la terre. Les Chaldéens, les Kourchites égyptiens, les Sémites, les Grecs, les Romains, les Normands, les Arabes, les Turcs, les Barbares vont toujours à l'Ouest, ainsi que Colomb et ses successeurs. Tout retour en arrière, toute entreprise vers l'Est, qu'elle soit guidée par Alexandre, Godefroy de Bouillon ou Napoléon, est condamnée à un échec certain.

Quel est l'aimant invisible qui nous attire à l'Ouest? On a essayé d'expliquer cette étrange loi de déplacement des peuples et des villes. Aucune explication n'est bonne. Il y a dans l'apparente variété du monde une unité profonde, à laquelle nous sommes soumis.

CHAPITRE VIII

LES LÉGENDES DE LA CITÉ

Il y a des légendes, ces brumes de l'Histoire, qui
ont la vie dure: celle des fameux filets de Saint-
Cloud barrant la Seine et arrêtant les macchabées qui
descendaient au fil de l'eau vers les mers lointaines et
celle des marches de Notre-Dame.

Or les filets de Saint-Cloud sont une invention de

Autel dédié à Tibère,
trouvé dans les fondations de Notre-Dame

romanciers et de dramaturges, qu'aujourd'hui encore pour beaucoup de personnes est un article de foi.

Mercier, lui-même, dans son *Tableau de Paris*, fait
une description des filets de Saint-Cloud, et prétend
qu'à la suite d'une catastrophe ayant entraîné la
submersion d'un grand nombre de personnes, on leva
ces filets « afin que rien n'attestât la multitude des
victimes »

Dulaure y fait allusion dans son *Histoire des envi-rons de Paris*.

Enfin, on lit dans *Les Curiosités de Saint-Cloud* par P. J. C. (1815) :

« Lors de la réparation du pont de Saint-Cloud, en 1810, le moulin qui était situé sur l'extrémité voisine de la rive droite fut démoli ; les filets furent enlevés... »

Or, il n'y a jamais eu, en réalité, à Saint-Cloud, de filets destinés au repêchage des cadavres; et il ne pouvait y en avoir pour l'excellente raison qu'ils auraient constitué un obstacle à la navigation ou que, insuffisamment plongés dans la rivière, ils auraient laissé passer les cadavres flottants, et seraient devenus, par la suite, inutiles. En a-t-il été question lors des inondations dernières ?

Au surplus, l'installation de filets dans ce but ne pouvait être ordonnée que par mesure de police. Cependant, jamais les lieutenants ni les préfets de police n'ont pris une décision à ce sujet, et je ne sache pas que les archives de la Préfecture de Police ou de la mairie de Saint-Cloud contiennent une pièce quelconque pouvant authentiquer l'existence des célèbres filets.

Ce qui, selon nous, a pu donner naissance à la croyance populaire, c'est qu'il existait autrefois des « *guideaux* ou *dideaux*, filets s'accrochant à un mou-« linet sur les ponts, et que l'on descendait dans l'eau « pour boucher quelques-unes des arches ». (*Traité de la Police*, de Delamare.)

Or, le meunier, dont le moulin était situé à l'extrémité du pont de Saint-Cloud, avait installé des guideaux ou filets qui enveloppaient une ou deux arches du pont; il réussissait ainsi à capturer nombre de carpes, brochets, goujons, etc., mais, souvent, il ramenait, en même temps, des cadavres qui étaient transportés à la Morgue de Paris.

Le moulin ayant été démoli en 1810, les filets disparurent avec le meunier, mais la légende s'est perpétuée.

5.

La légende des quarante marches de Notre-Dame plus vivace persiste encore :

Une vue de Notre-Dame (dessin de Victor Hugo)

On trouve dans *L'origine des antiquités de Paris*, par Poirier Buteaux, ces vers :

Toutes rues furent haussées
Dans toute la Cité,
Car quatorze montées
Il fallait pour entrer
Dedans la cathédrale.

Ce poète de rue vivait à la fin du XVIIIe siècle, et n'avait fait que mettre en de mauvais vers la tradition.

« Pour arriver dans la métropolitaine de Notre-Dame, dit Dulaure, qui copiait sans les vérifier les racontars populaires, on avait encore, au commencement du XVIe siècle, treize degrés à monter. »

V. Hugo, qui est un grand poète, mais un critique médiocre, acceptait toutes les bourdes du passé; il écrivait ceci, dans *Notre-Dame de Paris* (livre III, chap. Ier) :

« Trois choses importantes manquent aujourd'hui à cette façade : d'abord, le degré de Louis IX.

« Le degré, c'est le temps qui l'a fait disparaître en élevant d'un progrès irrésistible et lent le niveau du sol de la Cité; mais, tout en faisant dévorer une à une, par cette marée montante du pavé de Paris, les onze marches qui ajoutaient à la hauteur majestueuse de l'édifice, le temps a rendu à l'église plus peut-être qu'il ne lui a ôté... »

En d'autres endroits du même ouvrage, V. Hugo parle encore des onze marches qui constituaient le degré de Notre-Dame au temps de Louis IX.

Notre-Dame est plein d'erreurs qu'il serait dangereux de ne pas signaler, tant est grande la magie du style de V. Hugo. Il y est question de Charlemagne, qui a posé la première pierre de la basilique..., etc.

Nous avons, pour résoudre ce problème, consulté des érudits qui ont étudié la question et qui concluent que c'est là une simple légende.

En effet, la plate-forme, existant autrefois devant la façade et appelée Parvis, était *au niveau du pavé de l'église.*

Le Parvis, clos de barrières, s'élevait de *deux mètres* environ au-dessus du sol voisin et des berges de la Seine.

Il existait, il est vrai, un escalier de treize marches pour permettre d'accéder à l'église du côté de la rivière, mais cet escalier, qui a disparu dans le courant du xviie siècle, était situé vis-à-vis de la rivière et non devant la façade de l'église.

Sous Louis XII, un arrêt du Parlement du 13 juillet 1507 décida en effet « qu'à cause qu'il fallait trop descendre pour venir à Nostre-Dame », les rues qui menaient du pont Notre-Dame au Petit-Pont seraient exhaussées de dix pieds. Il n'est donc ici en rien question du Parvis.

Le sol environnant s'étant élevé peu à peu, le Parvis disparut et ne se distingua plus que par sa clôture, qui fut elle-même supprimée au xviie siècle.

Il ne faut pas oublier que, lors des fouilles faites en 1847, on eut l'intention d'abaisser le sol de la place pour dégager la façade, mais on se trouva immédiatement en présence de constructions romaines s'étendant sous l'église.

Voici les conclusions d'un article très documenté et très complet publié dans la *Bibliothèque de l'École des Chartes* (2e série, t. IV, pp. 188-189) :

« L'abaissement de niveau exécuté sur une partie de la Cité, pour retrouver douze prétendues marches par lesquelles on serait arrivé jadis à l'église de Notre-Dame, n'a abouti qu'à démontrer la fausseté de cette tradition. C'est dans Sauval qu'on a trouvé le fait énoncé; mais Sauval, en cela, n'avait fait que copier Gille Corrozet, le plus ancien et, par conséquent, le moins sûr des historiens de Paris. La critique avait eu déjà à réfuter bien des fables mises en circulation par Corrozet, celle, entre autres, de la fondation sur pilotis, qu'on a supposé longtemps exister sous Notre-Dame. La ville sait ce qu'il lui en coûte de ce que la question des douze marches n'ait pas été vidée de même. Toutefois, les travaux exécutés ont eu cet avantage de faire découvrir, sinon ce que l'on cherchait, du moins des vestiges d'anciens édifices qui paraissent appartenir à la décadence romaine. Ces vestiges, soigneusement étudiés, ne peuvent manquer de donner naissance soit à des mémoires, soit à des

dessins qui s'ajouteront sous peu à ce qu'on possède
de données sur le plan primitif de Paris. »

Le chevet de Notre-Dame

Dans *Paris-Guide*, l'éminent archéologue parisien
Viollet-le-Duc écrit ceci :

« L'erreur provient de ce qu'autrefois, devant la
façade, existait une plate-forme qu'on appelait le

Parvis, au niveau du pavé de l'église. Ce Parvis, clos de barrières, s'élevait de 2 mètres environ au-dessus des voies environnantes et de la berge de la Seine. On y montait encore par trois marches, du côté de la rivière, au commencement du xviie siècle. Peu à peu, le sol environnant s'étant élevé, le Parvis ne fut plus distingué que par la clôture qui en marquait le périmètre : celle-ci disparut à son tour pendant le dernier siècle.

« Lorsqu'en 1847, on voulut abaisser le sol de la place pour dégager la façade, on trouva presque immédiatement, sous le pavé, des constructions romaines, des bas temps dépendant d'un vaste édifice. Ces constructions s'étendent sous l'église et montrent leurs débris jusque vers le chevet, où furent découverts les curieux fragments de sculpture déposés au musée de Cluny. »

Il n'y a, d'ailleurs, qu'à consulter les diverses et nombreuses gravures représentant Notre-Dame. A aucune époque ces marches ne sont indiquées.

La question nous paraît définitivement tranchée, il n'y a qu'à s'incliner devant le jugement de ces savants qui ont pour eux le bon sens et l'histoire.

CHAPITRE IX

LA CONFRERIE DE SAINT-NICOLAS

LA DÉESSE ISIS, PROTECTRICE DE PARIS. —
LES NAUTES PARISIENS. — LA SÉBILE
FLOTTANTE. — LES PETITS ENFANTS ET
SAINT NICOLAS. — LA TOUR DAGOBERT.

L'îlot de la Cité — et il en fut de même sur plusieurs fleuves et lacs de la Gaule — devint un sanctuaire ayant son autel vers le levant, à la croupe
orientale, et comme sur la poupe même du vaisseau
qu'il protégeait. La grande Isis, cette divinité mystérieuse et universelle qui, sous des noms différents,
se retrouve partout avec ses prêtres et son culte, en
était la déesse.

Les fêtes d'Isis étaient célébrées à Lutèce avec le
même rite qu'en Orient; la barque sacrée glissait sur
une des pentes de l'Ile Sainte, après avoir été purifiée
par les prêtres avec le feu, et s'en allait seule, à la
merci des flots, au gré du souffle qui enfle sa voile
blanche.

C'était en souvenir d'Isis, s'abandonnant ainsi à la
mer pour aller y retrouver le corps de son époux.

Il en resta quelque chose, sous une autre invocation que la sienne, mais avec un rite qui ne différait
pas du sien, dans les superstitions de Paris. Jusqu'au
siècle dernier, quand on avait à redemander à la
Seine ce qu'on y avait perdu, c'est par une momerie
curieuse, certainement renouvelée du bateau isiaque
à la recherche du divin époux, qu'on procédait pieu-
sement.

On prenait une large sébile de bois, dans laquelle,
auprès d'un petit cierge allumé, on plaçait un pain
consacré à saint Nicolas, le patron des eaux, comme
Isis en fut la déesse; puis on abandonnait la frêle

cargaison au courant du fleuve, sûr qu'à l'endroit
même où se trouvait ce qu'on voulait chercher,
l'éclaireur flottant s'arrêterait.

Au mois d'avril 1718, une pauvre vieille avait

La Tour de Dagobert

encore tenté le miracle et, pour ne faire qu'un grand
malheur. La sébile au cierge flambant s'alla heurter
vers la Tournelle à un grand bateau chargé de foin
et y mit le feu. Tout le quartier s'embrasa, la grande
Isis n'était plus là pour préserver Paris du feu.

La batellerie a fait la fortune de Paris. La population insulaire représentait alors une puissance na-

vale — d'eau douce, à la vérité — mais, du haut de ses escadrilles de barques, elle n'en battait pas moins en somme les affluents de la Seine du bruit de ses avirons et, dès qu'elle posséda un échevinage et eut droit à des armoiries, elle arbora fièrement une nef triomphante sur son blason.

Près du port Saint-Landry, où les bateliers parisiens débarquaient les vivres et les marchandises qui devaient approvisionner la Cité et se rendaient au marché Palu, ils érigèrent à leurs frais, en 1140, sous le règne de Louis le Jeune, une église qu'ils dédièrent à saint Nicolas et y établirent leur confrérie. Au moyen âge, c'était l'usage de mettre chaque confrérie, corporation, corps de métier, etc..., sous le patronage d'un saint, chargé spécialement de veiller sur ses confrères et dont l'image brodée sur la bannière flottait aux grands jours de fête, dans les processions, à la tête de la confrérie. Saint Nicolas était le patron des enfants et... de la navigation. Voici comme : *Achmed*, général sarrazin, s'empare de la ville de Thyr, en Syrie, dont saint Nicolas était patron. Il brisa le tombeau du saint, mais, quand sa flotte eut quitté le port, elle fut accueillie par une violente tempête et sombra. On vit passer sur un nuage saint Nicolas, en manteau bleu parsemé d'étoiles, auréolé d'un nimbe éblouissant. Plus de doute, c'était lui qui avait fait punir le sacrilège; depuis lors, il fut honoré comme le patron de la Navigation et on l'invoqua, sur les eaux, pour détourner les tempêtes et prévenir les naufrages.

Tout le monde connaît la légende qui en fait le patron des petits enfants : Un boucher avait reçu trois petits enfants qui étaient venus lui demander asile; il les tua et les sala. Au bout de sept ans, saint Nicolas se présenta chez le boucher et

..... posa trois doigts
Par-dessus le bord du saloi.
Le premier enfant dit : j'ai dormi !
Le second : Et bien moi aussi !
Et le troisième répondit :
Moi je croyais être en paradis.

Cette complainte explique pourquoi nous voyons dans nos vieilles églises ce saint représenté avec une cuve à ses pieds, dans laquelle sont trois petits enfants qui élèvent vers lui leurs mains suppliantes.

Tous les ans, le 6 décembre, l'église du port Saint-Landry était parée avec un grand luxe de courtines et de cierges. La confrérie, *Confratria mercatorum aquæ Parisientium* s'y assemblait avec solennité. L'évêque de Paris, assisté de nombreux prêtres en étole, y disait une messe solennelle et allait ensuite processionnellement bénir le port et les bateaux qui étaient pavoisés de rubans et d'images grossièrement façonnées de *Monseigneur Saint Nicolas*, Chevalier-baron du Paradis. Elle était connue de tout Paris : on plantait sur la berge un grand mai aux branches duquel pendaient des rubans, des poissons et de petites figurines de plomb représentant le patron de la fête. On dansait en rond, de tous côtés, les enfants chantaient les complaintes du bon saint Nicolas.

A la Saint-Nicolas, il y avait une messe carillonnée à *Saint-Jacques-la-Boucherie*, à laquelle assistaient les écoliers et les enfants. Quand l'*Ite Missa est* était chanté, ils lâchaient dans l'église des *coulons* (pigeons) blancs et chantaient :

> Dieu te garde, gentil coulon,
> Du vent et du bec du faucon.

L'église Saint-Landry n'avait qu'une seule nef ; au cours du IXe siècle on y transféra, lors du siège de Paris par les Normands, le corps de saint Landry ; la chapelle prit, dès lors, le nom de Saint-Landry.

Devant la chapelle existaient, de toute antiquité, une grotte et un marché ; c'était, dit un vieil auteur, « un établissement des premiers Parisiens, des Romains et de nos Rois de la première race ».

Les Nautes, après leur conversion au christianisme, se formèrent en corporation sous le patronage de saint Nicolas, patron des bateliers.

La confrérie était fort riche. Elle avait un *abbé*, qui en était le chef, et elle jouissait d'une censive

(*censiva civium parisientium*), d'après les anciens car-
tulaires) qui s'étendait sur plusieurs maisons de la
rue Saint-Jacques, proche les Jacobins.

Les Nautes formaient une véritable confédéra-
tion, dirigée par des chefs dont la succession n'était
jamais interrompue. Investis du monopole des
échanges, maîtres de la navigation du fleuve, ils
pouvaient à bon droit se considérer comme les représentants les plus autorisés de la Cité et, en cette qualité, aspirer à diriger les affaires, non seulement de
leur corporation, mais de la ville tout entière.

« Le collège » des Nautes était établi sur l'emplacement actuel de la rue Basse-des-Ursins. On en voit
encore des traces dans la cour de la maison Allez,
rue Chanoinesse.

« Une haute tour carrée, de construction intéres-
sante, dit Ed. Fournier, qui est aujourd'hui enga-
gée dans les bâtiments d'une maison de la rue Chanoinesse, 18, et qu'on appelle dans le quartier *Tour
de Dagobert*, quoique la construction n'en doive pas
remonter plus loin que le xv⁰ siècle, marque jusqu'où
il s'étendait. A quoi servait-elle? On l'ignore, mais
il est probable que, la nuit, on y accrochait, tout en
haut, à la hampe de fer qui subsista jusqu'à ces dernières années, un fanal de forte dimension pour éclai-
rer cette plage et le grand cours de l'eau jusqu'à la
Grève qui fait face. »

Cette hypothèse paraît vraisemblable, car il existe
une vieille gravure représentant la tour et son fanal.
Une tradition du quartier prétend que le nom de
Dagobert était celui du garde de phare, un ancien soldat de Port-Mahon et dont Eug. Sue aurait esquissé
le type dans son *Juif Errant*.

M. Louis d'Haucourt, dans son livre : *L'Hôtel de
Ville à travers les siècles*, écrit ceci :

« Au temps lointain des Lutéciens, lorsque les
membres influents des deux corporations : la *marchandise d'eau* et la *marchandise terrienne*, qui se partageaient alors le commerce de la Cité, avaient à dis-
cuter de leurs intérêts communs, ils se réunissaient
en une maison, dont la place est aujourd'hui marquée

par le numéro 18 de la rue Chanoinesse et qui s'appelait alors le « Parloër aux bourgeois ».

« C'était, dit Sauval, un gros édifice, pavé sur la couverture, qui s'avançait de neuf toises dans les fossés et possédait deux tours, ronde et carrée, l'une avec un comble, l'autre terrassée en pierre de liais. »

Ce ne serait donc qu'après le départ du Parloir aux Bourgeois qu'une des tours, l'autre ayant été démolie, aurait été utilisée comme phare.

Balzac, qui connaissait si bien le vieux Paris, a donné une saisissante description de la maison au milieu de laquelle s'élevait la tour démolie récemment, dans son roman : *Madame de la Chanterie.*

« Le prêtre et Godefroid furent aussi étonnés l'un que l'autre d'entrer dans la rue Massillon, qui fait face au portail nord de la cathédrale, de tourner ensemble dans la rue Chanoinesse, à l'endroit où, vers la rue de la Colombe, elle finit pour devenir la rue des Marmousets. Quand Godefroid s'arrêta sous le porche cintré de la maison où demeurait Mme de la Chanterie, le prêtre se retourna vers Godefroid, en l'examinant à la lueur d'un réverbère qui sera sans doute un des derniers à disparaître au cœur du vieux Paris.

« Le prêtre et Godefroid traversèrent alors une assez vaste cour, au fond de laquelle se dessinait en noir une haute maison flanquée d'une tour carrée encore plus élevée que les toits et d'une vétusté remarquable. Quiconque connaît l'histoire de Paris sait que le sol s'y est tellement exhaussé devant et autour de la cathédrale qu'il n'existe pas vestige des douze degrés par lesquels on y montait jadis (1). Aujourd'hui, la base des colonnes du porche est de niveau avec le pavé. Donc, le rez-de-chaussée primitif de cette maison doit en faire aujourd'hui les caves. Il se trouve un perron de quelques marches à l'entrée de cette tour, où monte en spirale une vieille vis le long d'un arbre sculpté en façon de sarment. Ce style, qui rappelle celui des escaliers de Louis XII au château de

_____

(1) *Toujours la légende !*

Blois, remonte au xvie siècle. Frappé de mille symp-
tômes d'antiquité, Godefroid ne put s'empêcher de
dire en souriant au prêtre : « Cette tour n'est pas
« d'hier. »

« Elle a soutenu, dit-on, l'attaque des Normands
et aurait fait partie d'un premier palais des rois de
Paris; mais, selon les traditions, elle aurait été plus
certainement le logis du fameux chanoine Fulbert,
l'oncle d'Héloise. »

Chassés par les Normands du port Saint-Landry,
les Nautes se réfugièrent sur l'autre rive de la Seine,
à l'abri des fortifications du grand Châtelet.

Autel gallo-romain trouvé dans la Cité

CHAPITRE X

LES LIONS DE L'HOTEL SAINT-PAUL

LES MÉNAGERIES ROYALES. — SANGLIERS,
PAPEGAIS ET LIONS. — AUTRUCHES, LE-
VRIERS ET CHACALS IMPORTÉS DU MAROC.

Les événements actuels du Maroc donnent un regain d'actualité aux achats de lions et bêtes sauvages faits « au royaume de Fez et autres lieux de Barbarie » pour le compte des rois de France, qui prenaient grand plaisir à élever dans les parcs de leurs châteaux et maisons de plaisance des animaux de toute espèce. Avant le xvie siècle, il y avait, à Paris, deux ménageries, l'une au Louvre, l'autre à l'hôtel Saint-Paul.

Charles V était très amateur des animaux exotiques et indigènes. Sauval écrit : « On ne doit pas s'étonner si je dis que, dans ces maisons royales, il y avait un *papegai* (perroquet), des tourterelles, des cages d'oyseaulx, des volières, des sangliers, des lions et des *lices*. »

Le roi fit faire à l'hôtel Saint-Paul, sur l'emplacement actuel de la rue des Lions, une cage octogone, fermée de fil d'archal, pour mettre son papegai.

L'hôtel Saint-Paul était immense, ces cages et ces volières étaient en bordure de très grands jardins « plantés d'un millier de ceriziers, de lavandes, de rosiers blancs et rouges, de poiriers, de lauriers ».

Le Dauphin donne, en 1364, cent huit sous parisis à un varlet qui lui avait apporté trois petits chiens de la ville de Douai.

« Guillaume Seguier, garde des lions du Roy
nostre sire, confesse avoir eu et reçeu des trésoriers

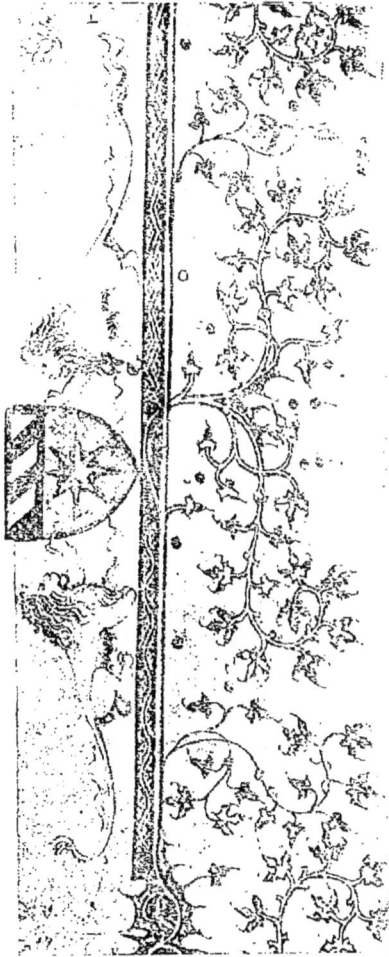

Miniature de la Bible moralisée.

du Roy, nostre sire à Paris, par la main de Pierre de
Soissons, changeur du Trésor, la somme de soixante

francs d'or pour la garde et despens des lions pour ce présent mois de juillet, desquels soixante francs d'or le dit Guillaume se tint à bien paiez. Quitant, etc., Constant, etc., Obligeant, etc., Renonçant, etc. Fait l'an mil CCCLX-seize, le mardi vingt-neuf jours de ce mois de juillet. Signé : G. Acart . »

Ces lions firent une impression profonde sur le peuple parisien ; c'étaient les premiers que l'on voyait en Europe ; le bon populaire allait admirer les lions du roi comme on va aujourd'hui au Jardin des Plantes voir leurs congénères. La ménagerie était célèbre ; lors de son voyage en France, en 1378, l'Empereur d'Allemagne s'empressa de visiter les lions.

Les miniaturistes et les enlumineurs du temps s'empressèrent d'aller copier ces bêtes monstrueuses dont ils donnèrent le dessin dans les manuscrits qu'ils illustraient.

Il existe à la Bibliothèque nationale et à celle de l'Arsenal deux livres admirables, l'un *La Bible moralisée*, l'autre *La Cité de Dieu de Saint Augustin*, livre d'heures de Charles V et où des lions sont dessinés.

Nous trouvons dans le livre de F. Bournon : *L'Hôtel Saint-Paul* : « X francs a un vallet qui garde nos tourterelles. 1377, XX francs à Jobin d'Ays, qui garde nos rossignols. » En la même année, « en la caige de Hesdin, la plus grande du royaume et en la caige du Roy a Saint-Paul oiseaulx ne purent être couvez ».

Dès 1362, le roi avait fait installer au milieu de ses jardins un *saumoir* ou *saumonoir*, vaste bassin de forme ronde, entouré d'une balustrade à hauteur d'appui. Au milieu s'élevait un lion en pierre, qui jetait peut-être de l'eau par sa gueule. Le bassin contenait probablement des saumons.

La ménagerie royale était déjà célèbre au xive siècle et on allait voir les sangliers et les lions du roi.

En 1463, damoiselle Padlon reçut 250 livres pour la garde des lions de l'hôtel Saint-Paul. Ces lions furent les derniers hôtes de l'hôtel ; ils y étaient encore en 1487, quand l'hôtel était déjà abandonné.

Une Miniature de la *Cité de Dieu de Saint Augustin*

Il fallut construire des « trapes et cloisons « pour les empêcher d'aller vaguer dans les rues. Ils furent transférés à l'hôtel de Tournelles, où d'autres collègues vinrent les retrouver.

Les princes de la maison de Valois, Charles IX notamment, qui furent de grands chasseurs, multiplièrent les parcs. François Ier en établit de nouveaux à l'hôtel des Tournelles, dans les bois de Boulogne, de Rambouillet et de Chambord.

Le 5 avril 1532 (1533), Pierre de Piton, seigneur dudit lieu, gentilhomme de l'hôtel du Roi, ambassadeur vers le Roi de Fez, reçut deux sommes : « l'une de mille livres, pour subvenir et satisfaire aux frais et dépenses d'un voyage au Maroc et autres lieux de Barbarie, l'autre de 400 livres tournois, pour par lui être employées en l'achat et recouvrement de diverses sortes, oyseaulx, bestes et autres nouvelletés qu'il verra et trouvera ès dits pays, propres à apporter au Roi ».

L'année suivante, le 23 février, Josse de la Plancque, docteur en médecine, ordonné pour la cure et guérison des maladies, reçut la somme de quarante livres tournois, « lui ordonnée en déduction de ce qui pouvait lui être dû à cause de la nourriture, entreténement d'une *louve* (probablement une femelle de chacal), *ung lyon, troys autruches* et *quastre lesvriers* apportez du royaume de Fez et mis en l'hôtel des Tournelles (1) ».

_____

(1) *Sources inédites de l'Histoire du Maroc.*

CHAPITRE XI

___

LE MAIL ET LES COCHES D'EAU

L'ÎLE LOUVIERS. — LA CLEF DES VIVRES DE PA-
RIS. — LE PORT DES COCHES D'EAU. —
AMÉNITÉS NAUTIQUES.

Il est un coin de Paris bien curieux, mais qui, dans
quelques jours, va perdre sa physionomie bruyante
et animée : c'est le *Mail*, ou « port aux pommes », un
des rares survivants des marchés d'autrefois qui
s'égrenaient tout le long de la rivière, quand la Seine
était la grande route qui amenait dans Paris les marchandises et les denrées du monde entier, les vic-
tuailles qui alimentaient son estomac de Gargantua.

On appelait Mail, autrefois, un vaste emplacement,
généralement planté d'arbres, où on se livrait à une
sorte de jeu, qui consistait à pousser une boule de
buis avec un maillet à long manche à travers des
cercles de fer, dont une moitié était enfoncée dans le
sol; ce jeu présentait donc une certaine analogie
avec notre jeu de crocket.

Il était fort en honneur chez nos ancêtres et plusieurs emplacements y avaient été consacrés, un,
entr'autres, sur lequel on construisit, de 1633 à 1636,
la rue du Mail, qui en perpétue le souvenir.

Henri IV avait fait établir au pied de l'Arsenal,
le long du bras de la Seine comblé plus tard, en 1843,
un mail avec « ses allées et une petite pelouse où la
petite bourgeoisie allait volontiers ».

De là vient le nom de Mail qui a été conservé au
port aux fruits, malgré ses migrations, comme celui
de la Vallée a été conservé au marché de la volaille,
établi d'abord à la vallée de Misère, quai de la Mégis-

serie, puis transporté au quai des Grands-Augustins, et enfin au pavillon IV des Halles centrales.

Au xvii⁰ et au xviii⁰ siècle, les quais étaient bien plus vivants qu'ils ne le sont aujourd'hui, la Seine étant, à cette époque, selon l'expression de Pierre de l'Estoile, la clé des vivres de Paris.

Le port au plâtre, mentionné dans les ordonnances de Charles VI, s'étendait depuis la pointe de l'Arsenal et le passage du fossé du Mail jusqu'à la barrière de la Râpée. « Il a pris le nom qu'il porte, dit Hurtaut, de ce que c'est là qu'on amène de Charonne et de Montreuil des pierres brutes de plâtre, pour les charger sur des bateaux et, de là, les transporter dans les pays qui en ont besoin. » C'était aussi un lieu de débarquement pour les trains de bois flotté et de bois de charpente, transportés ensuite par voitures dans les chantiers des marchands de bois du faubourg Saint-Antoine.

Dans le port au-dessus du Mail se trouvait du bois flotté et le bras de la rivière servait de gare pour les bateaux chargés de fruits et pour la décharge du bois neuf dans l'île Louviers.

Cette dernière, acquise par la Ville en 1788, moyennant la somme de 61.500 livres, était alors un vaste chantier pour le bois neuf à brûler; l'inspecteur du port Saint-Paul, situé en aval, était chargé, par le Bureau de la ville, d'y distribuer les places gratuitement.

Or, l'île Louviers, située vis-à-vis du Mail, fut un lieu de dépôt pour le foin, les bois de charpente et de menuiserie, jusqu'en 1714, et le bras de la rivière qui la séparait de la terre ferme servait encore, en 1754, de gare pour les bateaux de fruits, dont la vente se faisait alors au port des Miramiones, actuellement port de la Tournelle.

Le marché de bois à brûler a été supprimé par ordonnance royale du 10 février 1841.

Au-dessous du pont de Grammont ou de l'Ile Louviers, qui allait du quai des Célestins à l'île Louviers, se plaçaient les bateaux de charbon de terre pour y être débités; leur nombre avait été fixé à treize.

Au port Saint-Paul, l'ancien port des Barrès du
XIVᵉ siècle, établi au bas du quai des Célestins, arrivaient les coches de Nogent, Sens, Briare, Auxerre,
Montereau, Melun, Montargis. C'était là également
que l'on s'embarquait pour ces localités.

On vient de mettre à jour, quai d'Austerlitz, un
curieux vestige de chemin .A un mètre du sol actuel
et sur un remblai de deux mètres au-dessous des terres
vaseuses de la Bièvre, on a découvert, sur une lar-
geur de trois mètres environ, un enrochement en
cailloux, sorte de macadam, dans lequel était en-
châssé un pavage en gros moellons, pour former une
chaussée résistante. Cette chaussée doit dater de la
création des coches d'eau, sous Henri IV. Ces fouilles
dégagèrent aussi les substructions de la fameuse gare
d'eau qui ne fut jamais achevée. Il y avait, à trois
mètres de profondeur, une borne en bois, très rongée,
qui servait à attacher les bateaux. Les chanoines de
Notre-Dame avaient bien raison de s'opposer à la
destruction de ce paysage. Où sont l'île Notre-Dame,
l'île aux Vaches, l'île Louviers, l'île à Bercy, où l'on
raccommodait les bateaux? Accoudés dans leur
cloître, aux murs de leurs jardins, ils jouissaient de la
splendeur de la Seine et de la riante perspective de
l'île Saint-Louis, que MM. Marie, Poulletier et Le
Regrattier ont gâchées et bien d'autres à leur suite.

Le bon temps, celui où les chevaux des coches galo-
paient à quatre ou cinq sur ce chemin; la concession
en avait été donnée aux frères Darblay, quai Saint-
Bernard. Le quai d'embarquement était toujours
très animé.

Au vieux pont suspendu de Bercy, des barques,
depuis longtemps, attendaient le coche et le halaient
sous les piles. Là était la première escale : « Aux
barreaux verts », petit « Troquet » qui existe encore,
peint en vert et à moitié ensablé, quai de la Gare,
près du pont. La seconde escale était au port à l'Anglais et ainsi de suite jusqu'à Auxerre.

Les voyageurs pour Château-Thierry, comme notre
bon La Fontaine, lorsqu'il allait voir sa femme, ce
qui était rare, partaient du port Saint-Paul, à

5 heures du matin, s'arrêtaient une première fois
à Bercy, chez Champreneau, et une autre fois à
Charenton, avant de prendre Marne.

La disposition intérieure des coches était simple :

Le Port de Bercy.

sauf quelques cabines pour les voyageurs fortunés,
il n'y avait qu'un banc circulaire, où l'on mangeait
et dormait, chacun apportant ses provisions, bien
qu'il y eût une buvette rudimentaire. Mais il y avait
aussi « les bouteilles » qui répandaient une odeur

spéciale, aussi les voyageurs se tenaient presque toujours sur le toit. Ceux de nous qui ont fait, en canotant, leur tour de Marne se souviennent qu'il était de tradition d'échanger d'un bateau à l'autre les plus grossières invectives. C'était un souvenir des coches d'eau.

Celui d'Auxerre redescendait à flot, comme disent les mariniers, c'est-à-dire sans l'aide des chevaux; il amenait à Paris les nourrices bourguignonnes. Ces dames n'étaient pas en bons termes avec les débardeurs, qui leur reprochaient de répandre trop généreusement certaines maladies. Aussitôt dans Paris, installées sur le toit du bateau, la fusillade commençait, c'était un échange des propos les plus grossiers et cela devenait épique, lorsqu'il passait devant un bateau de blanchisseuses. Il y avait parfois des scènes réjouissantes. La *Gazette de Loret* raconte, avec des détails que leur crudité nous empêche de reproduire, que « le 24 février 1657, un cordelier qui prodiguait ses bénédictions est saisi tout à coup de violentes douleurs, puis accouche d'un enfant; c'était une belle et plantureuse fille de condition ».

Plus tard, on remplaça les coches par des remorqueurs à chaîne, mais c'était des pannes continuelles, à chaque instant, une maille se cassait, il fallait fouiller la rivière pour retrouver la chaîne et lui souder une nouvelle maille. Il y avait déjà eu des premiers essais de bateau à vapeur au commencement du siècle, mais ils n'avaient pas été encouragés et ce n'est qu'en 1848 que le *Vauban* commença à faire un service véritable.

C'était une nouveauté qui portait atteinte aux intérêts de bien des gens, de là des colères et des bagarres, aussi le *Vauban* fut-il un jour à moitié brûlé par les gens des coches d'eau, au pont de Bercy. Fulton fut plus heureux en Amérique et, aujourd'hui même, sur un fleuve de trois kilomètres de large, découvert seulement il y a trois siècles, des centaines de navires tirent des salves de coups de canons pour fêter le centenaire du jour où le *Clermont* remonta à l'Hudson.

Les Américains voient passer cette chaloupe à vapeur, dont les roues ont la dimension des roues de nos omnibus, cette même chaloupe que la Seine millénaire n'avait pas su retenir.

CHAPITRE XII

LE PORT AUX POMMES

LE PORT AUX POMMES. — BATEAUX ET MARGOTATS. — CALVILLES, APIS ET FE-NOUILLETS.

On ne peut se faire une idée de l'animation qui existait sur ce point, où se déchargeaient les marchandises venant de Lyon, de Provence, du Languedoc, etc.; les fers de Haute-Marne et les vins de Bourgogne, Champagne, Mâconnais, de Renaison, d'Auvergne, etc.; épices, vins de liqueur, eaux-de-vie, etc. Les bateaux de charbon de bois y abordaient pour être débités. Enfin, le dépôt du poisson d'eau douce en occupait la partie désignée sous le nom de quai de l'aile du pont Marie, et c'est là où les regrattières venaient s'approvisionner pour revendre en détail, dans les rues, halles ou marchés. Il y avait toujours de soixante à cent « bascules, boutiques et boutiquarts » remplis de toutes sortes de poissons.

A la suite du port Saint-Paul, à proximité de la place aux Veaux, transportée alors au quai des Ormes, le *Port au Foin*, pavé en 1570, par les ordres de sire Hugues Aubriot, prévôt et capitaine de Paris, l'année où on posait la première pierre de la Bastille, recevait les bateaux et « margotats » chargés de foin qu'on y vendait.

En continuant notre route, nous arrivons au port situé près de l'Hôtel de Ville, le *Port au Blé*, tout garni de bateaux chargés de blés, d'avoine, de farine; de vesces et « autres grenailles », dont la vente avait lieu sur la place ou sur le carreau.

Au xve siècle, le trafic des grains se faisait également au port Saint-Paul, à l'arche Beaufils, près les Célestins, et à la Tournelle, au port Saint-Bernard et au port Saint-Landry.

D'après un manuscrit de l'an 1500, on consommait déjà à Paris trois cents muids de blé, de douze septiers chacun par jour.

Le port de Grève, mitoyen de celui-ci, recevait des bateaux chargés de chaux et de charbon de bois.

Les pommes, poires, étaient amenées directement des environs de Paris au quai Saint-Paul. Il s'en faisait un grand commerce. La pomme était au moyen âge le fruit de prédilection du populaire qui mangeait à pleines dents « la *calville* qui a l'odeur de violette, le *fenouillet* qui sent l'anis, l'*api* qui a l'odeur de fraise ».

Mais les médecins qui sont toujours les mêmes, des empêcheurs de manger en rond, tonnaient contre ces pestilentielles pommes qui ont été causes du péché originel, qui engendrent les crachements de sang et la phtisie (?) car elles déversent dans l'estomac un mauvais suc gastrique.

La création d'un marché spécial pour les fruits ne remonte pas au-delà des premières années du 18e siècle et l'édit de 1730 pour le rétablissement des charges et offices sur les quais et marchés de Paris mentionne encore parmi les marchandises transportées par les quatorze officiers forts du port Saint-Paul, les oranges, marrons et fruits.

La taxe arrêtée en 1720 par le bureau de ville et maintenue par cet édit porte :

« FRUITS. — Pour toute sorte de fruits en greniers : 6 deniers. — Pour chaque panier venant de Thoméri et autres lieux : 6 deniers. — Pour un panier de fruits : 4 sols. — Pour une caisse de fruits : 4 sols. — Pour une balle de marrons : 2 sols 6 deniers. — *Marron*, une tonne : 5 sols. — *Oranges* ou *citrons*, une caisse : 1 sol 3 deniers. »

Ce marché fut transporté au port des Miramiones

en 1754 et rétabli sur les ports de Grève et des Ormes en 1850.

Le marché actuel est loin d'avoir l'importance de celui d'autrefois, la Seine ne transporte plus guère que les matériaux lourds et encombrants, le raisin a complètement disparu et il n'y arrive guère que des pommes telles que la reinette grise, la bonne-nature, la pomme d'api, et la rainette de la Rochelle; le Canada y est une exception et la Calville presque inconnue. Pendant les années 1894, 1895 et 1896, il a été expédié au port aux fruits 208 bateaux de pommes pesant 10,196,000 kilos; 25 bateaux ont transporté les fruits ramassés en Auvergne, d'où la marchandise est expédiée par le chemin de fer aux docks de Montargis et réexpédiée par eau à Paris.

Les 173 autres étaient chargés des produits de Maine-et-Loire, de la Loire-Inférieure, des Deux-Sèvres, de la Sarthe et de l'Allier; les pommes de ces contrées sont expédiées par le chemin de fer à Charenton, et réexpédiées par bateaux du port des Lions jusqu'au port du Mail.

La Normandie n'envoie rien ou presque rien aux marchés de Paris; ses pommes et ses poires de dessert sont presque toutes expédiées en Hollande, en Angleterre et surtout en Russie.

La moyenne du prix des pommes pendant les trois années a été de 40 fr. 45 les 100 kilogrammes. Ce qui pour 10,196,000 kilogrammes représente un chiffre d'affaires de 4,124,282 francs.

Dans quelques jours, la flotte quittera son port d'attache et retournera, par les tranquilles canaux, le long des chemins de halage, aux pays où fleurit la fleur rose des pommiers; elle reviendra avec le temps de froidure et de pluie au vieux port du Mail, recouverte de ces paillassons qui ont emporté un peu de la terre du pays et où pousse la verdurette, ce qui lui donne, comme aux bateaux chinois, l'aspect d'une flottille de petits jardins mouvants.

CHAPITRE XIII

LA MORT DES PASSAGES

PAMÉLAS, MARCHANDES DE FRIVOLITÉS. — A
L'INSTAR DU PALAIS-ROYAL. — LE PAS-
SAGE CHOISEUL. — LE PASSAGE DU CAIRE.
LE PASSAGE DE L'OPÉRA. — RATS ET INGÉ-
NUES. — LE PASSAGE DU SAUMON. — CHA-
PEAUX JAUNES ET CAPOTES BLEU DE ROI. —
BOTTES AMOUREUSES ET BOTTINES CO-
QUETTES.

Les passages de Paris ne vivront bientôt plus
qu'à l'état de vagues souvenirs. Ils ne sont pas
encore tous morts, mais tous sont frappés d'anémie
et de paralysie générales. Tous, mornes et tristes,
ont vu des voies nouvelles détourner à leur profit
la circulation et la vie.

Qui pourra nous expliquer le pourquoi des caprices
si bizarres de la mode, qui pourra nous dire par quels
motifs on a délaissé ces coins si tranquilles et si
charmants, ces vieux passages qui faisaient la joie
de nos pères et l'admiration des braves provinciaux
qui affrontaient la capitale, ses pompes et ses
œuvres ?

C'était un des charmes du Paris du milieu de ce
siècle que ces galeries vitrées, étincelantes de lumières,
où l'on pouvait se livrer au divin plaisir parisien de
la flânerie, à l'abri des pluies et des froidures, lorgner,
la canne aux lèvres, les jolies Pamélas, ces exquises
et inquiétantes poupées qui vendaient des gants,
des frivolités et des faveurs, les portraits en déshabillé
intime de nos élégantes et admirer quelques petites
modistes prestes et légères, quelque Mimi Pinson,
à la frimousse ébouriffée découvrant sur

Une jambe bien faite, un bas blanc bien tiré.

Ce fut, quand on les construisit, un enthousiasme général. Après avoir été visiter d'abord le Palais-Royal, ce Saint des Saints de la capitale, le provincial frais fourbu de la diligence — cette antique douairière à châle jaune et à capuchon noir — allait s'ébaubir aux vitrines scintillantes des passages.

Ils furent tout d'abord construits *à l'instar*, comme on disait alors, des galeries du Palais-Royal, qui est lui-même une manière de passage bien délaissé aussi aujourd'hui.

Les récits de nos pères ne tarissent pas sur ces fameuses galeries de bois qu'a immortalisées Balzac qui y conduit Lucien de Rubempré à son arrivée à Paris et où Vernet a crayonné ces délicieuses charges de nos *amis les alliés* et des milords qui s'étaient abattus sur Paris, au lendemain de la campagne de France.

Chacun de ces passages avait sa physionomie particulière, son public, ses habitués que le gardien renfrogné qui veille à ses barrières connaissait bien.

Le *passage Choiseul* était hanté par de jeunes poètes chevelus qui cherchaient à gravir le Parnasse Lemerrien ; Jeanne, l'héroïque combattant de Saint-Merry, devenu carliste, y fonda la grande papeterie que nous voyons encore.

Les jeunes Phémies, plumassières et teinturières en grands tabliers de lustrine noire, aux doigts multicolores, font retentir le *passage du Caire* de gais fredons accrochés la veille à l'Alcazar.

Le *passage de l'Opéra*, qui fut construit vers 1821, était animé surtout aux heures de répétition et de représentation, quand l'Opéra ouvrait sa façade éclairée de mille feux sur la rue Le Peletier et son séant sur la rue Rossini.

Il donnait accès aux coulisses, ces enfers de volupté, ces capharnaüms de délices, par une petite porte, communiquant à trois petits escaliers puants, gras, infectés d'huile à quinquet et ouvrant sur ces coulisses enchanteresses, ces édens paradisiaques du Coran.

Quand le bienheureux mortel avait montré patte et pièce blanches, il pénétrait dans le paradis, qui était un ancien salon de l'hôtel de Choiseul autour duquel étaient adaptées les barres d'appui contre

Passage Charlemagne.

les quelles les rats ainsi nommées parce que, pour voir, elles font des trous dans les rideaux, venaient se tordre les pieds, se cambrer les reins.

Le passage était envahi, le soir, par les marchandes

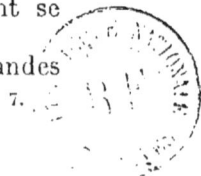

7.

de fleurs et les lustreurs de chaussures. Après minuit, il était encombré de nobles étrangers ou de lions indigènes qui tachaient de lever *au passage* quelque affriolante ingénue.

Et les soirs de bal — de cette époque où le bal de l'Opéra était une réalité vivante et tapageuse — quelle cohue, quel tapage, quelles rumeurs joyeuses sous ces vitres qu'encrasse aujourd'hui la morne poussière de l'abandon !

Que de fois Chicard, Musard y furent portés en triomphe; que de dominos dont les yeux noirs scintillaient sous le masque, allèrent dénouer dans un salon prochain les nœuds d'une intrigue ébauchée au bal sous l'horloge fatidique et ceux de leur ceinture.

Le *passage du Saumon* était de tenue plus bourgeoise, d'allure plus *juste milieu*. Il avait été bâti, au début de la Révolution, d'une architecture pseudogothique; il avait emprunté son nom à une enseigne de poissonnier, le quartier était alors le centre du commerce du poisson de mer.

Vers la fin du règne de Charles X, il fut reconstruit par l'architecte Rohault de Fleury qui y prodigua les manifestations d'un art cossu et du plus mauvais goût.

Mais ces galeries où l'or et le marbre se relèvent en bosses jetèrent les Parisiens dans un engouement incompréhensible, comme plus tard la maison du Pont-de-Fer que personne ne va plus voir aujourd'hui.

Une foule de boutiques, de frivolités de tous genres, modes, lingeries, fantaisies, nouveautés, ganterie, s'ouvrirent aux yeux émerveillés des jeunes dandys bourgeois laissant voir derrière leurs vitraux étincelants, d'accortes vendeuses aux accroche-cœurs vainqueurs, aux yeux de velours.

Charles de Bernard nous a tracé, vers 1830, une physionomie amusante du passage, que les vieux viveurs qui sortaient du *Rocher de Cancale*, situé en face, venaient arpenter, cherchant à dévisager les grisettes qui montraient leurs minois chiffonnés à travers « les chapeaux jaunes à rubans coquelicots, les capotes bleu de roi guirlandées de roses, les tours de tête omnicolores, les marabouts de couleur équivoque, les panaches flamboyants, les demi-voiles éplorés, » qui faisaient les délices des sous-préfectures.

En province, le passage Saumon jouissait d'une extraordinaire renommée; c'était l'endroit mondain par excellence, et il fallait entendre la tante Portal, raconte, dans *Numa Roumestan*, Alphonse Daudet, narrer son unique voyage à Paris, vanter les merveilles du « passage du Saumon » où elle était descendue dans ce petit hôtel adopté par tous les commerçants du pays et ne prenant air que sous l'étouffant vitrage chauffé en melonnière... Et puis, la tristesse lamentable de cette pauvre tante Portal qui, rentrée dans sa Provence après tant d'aventures, gémissait doucement : « Je ne reverrai plus le passage du Saumon ».

La foule s'y pressait de trois à sept, stationnant aux devantures; les ouvrières, les petits « trottins » le traversaient en flânant, ainsi que l'historiographe attitré du vieux Paris, Alfred Delvau, le rapporte dans ces quelques lignes originales sur les attractions de 1830. « C'est peut-être le passage de Paris le plus battu par des paires de bottes amoureuses et par des paires de bottines coquettes. C'est inouï ce que, à quelque heure de l'après-midi ou de la soirée qu'on y passe, on entend de jeunes hommes murmurer : « Mademoiselle, voulez-vous accepter mon bras ? et des jeunes filles répondre : « Monsieur, pour qui me prenez-vous ? »

Le pacha Ben-Aïad en était propriétaire au commencement de l'Empire; il y avait un *buen-retiro* décoré de fresques anacréontiques d'Abel de Pujol, auxquelles Courbet, qui après la semaine de mai, devait y trouver asile, ajouta des compositions de son cru — c'est le mot. Hélas ! ce passage, qui après une courte flambée de succès et d'apothéose était tombé à la suite du percement des grandes voies passagères d'Etienne-Marcel et de Réaumur, dans une tristesse et un abandon complets, est démoli.

Le *passage du Commerce* qui mériterait à lui seul

une monographie, si célèbre à la Révolution, où
Brune avait son imprimerie, où dans la boutique

Rue Eginhard.

actuelle du libraire Durel, Guillotin fit ses premiers
essais de guillotine en coupant des têtes de moutons;
où habitèrent Danton et Fabre d'Eglantine; où la
veuve de Brissot de Warville fonda un cabinet de

lecture que tenait encore il y a quelques années la mère Boudin qui, la première, mit une cocarde tricolore, à l'aube de la première des « Trois Glorieuses », au chapeau de Blanqui, ce passage du Commerce, un des centres les plus animés du quartier Latin d'antan, a aujourd'hui l'air morne et lugubre d'une cour de province aux pavés disjoints.

Il y a, au-dessus de la voûte qui mène à la rue Saint-André-des-Arts, un hôtel garni, existant encore. C'est là que, chaque jour, dans sa jeunesse, Sainte-Beuve, quittant après son déjeuner la petite maison de la rue du Montparnasse, allait s'enfermer pour travailler, loin des fâcheux. Il avait loué, au troisième étage, une chambre sous le nom de *N. Charles Delorme* (un proche parent de Joseph Delorme), et c'est là que de la première à la dernière ligne, sauf tel fragment sur le séminaire qui lui fut fourni par Lacordaire, il écrivit *Volupté*.

Le *passage Dauphine* fut pendant la République de 1848 un centre de clubs et d'estaminets où fréquentaient les notabilités de la Montagne et où s'imprimaient les journaux *rouges*, comme on les appelait alors. Il est aujourd'hui transformé et à moitié démoli.

Et à l'entrée de la rue de Rennes, près la place Saint-Germain-des-Prés, qui ne connaît cette large baie avec fronton en coquille où fait saillie le mystique Dragon? C'est dans ce passage que furent forgées presque toutes les piques des patriotes de 1792.

Un des derniers passages qui avait encore de superbes restes de l'ancien Hôtel de l'amiral de Graville le *passage Charlemagne*, vient d'être en partie transformé en bâtisses modernes.

C'est dans tous ces passages où encore était possible la flânerie, que la physionomie du Vieux Paris se retrouvait intacte !

CHAPITRE XIV

LA FIN DE LA BIÈVRE

LA FEMME DE TRENTE ANS .— TONNELLES ET
GUINGUETTES. — L'AVENUE DES PENDUS.
— CUISINES INFERNALES. — LE CHATEAU
DES ALOUETTES. — UN RUISSELET BIBLI-
QUE. — PONOCRATÈS ET GARGANTUA.

Sur le rapport de M. Deslandes, le Conseil municipal
vient de voter la suppression de la Bièvre dans les
cinquième et treizième arrondissements de Paris,
et sa transformation en égoût normal.

C'en est fini alors ! La Bièvre « ce beau ruisselet
qui courait en rossignolant » comme dit Benserade,
qu'Alfred Delvau appelait sa Voulzie, qu'enfant il
se plaisait à écouter, assis, les jambes pendantes, brui-
re sur son lit de pavés, va être toute entière dans
Paris, emmurée et envoûtée, comme une sorcière
du Moyen Age. Cette vallée désolée et étrange dont
Balzac a fait une si morne et si sombre description
dans sa *Femme de Trente Ans*, ne sera bientôt
qu'un souvenir qu'il paraît intéressant de fixer
avant qu'elle disparaisse ensevelie sous la poussière
des choses mortes et les gravats des maisons éventrées.

Cet endroit de Paris d'autrefois mérite de ne pas
mourir tout entier; c'est un coin de la vieille banlieue
parisienne qui a conservé, encore pour quelque temps,
je ne sais quelle étrange saveur dans sa laideur pittoresque.

On y arrive par ces admirables boulevards exté-
rieurs, de jadis, œuvre de Colbert, où il y avait, ces
années dernières, des ormes géants, des fossés pleins
d'herbes et des palissades ruinées laissant voir par

leurs brèches des jardins de maraîchers où les cloches
à melons luisaient sous les rayons obliques du soleil
couchant... Dans ces déserts suburbains, plus de
maisons, mais de rares masures toutes ou presque
toutes à un étage. Quelquefois, un cabaret peint d'un
rouge lie de vin sinistre; ou bien, sous les acacias,
à la fourche de deux rues labourées d'ornières, une
guinguette à tonnelle avec son enseigne, un tout petit
moulin qui tourne au bout d'une perche, grinçant
au vent frais du soir.

C'était presque la campagne, l'herbe moins pou-
dreuse envahissait les deux contre-allées et croissait
même sur la route, entre les pavés déchaussés. On
humait les odeurs âcres du lapin sauté et les vapeurs
vineuses de louches matelotes.

Peu ou point de rencontres, sinon de très pauvres
gens : une bonne femme, en bonnet de paysanne,
traînant un marmot qui pleure, un ouvrier chargé
d'outils, un invalide attardé et parfois, au milieu
de la chaussée, dans une brume de poussière, un
troupeau de moutons éreintés, bêlant désespérément,
mordus aux cuisses par les chiens et se hâtant vers
l'abattoir. Les éternels joueurs de cochonnet, en
manches de chemises, poussaient leurs boules; les
balançoires grinçaient au haut de leurs potences.

Le Bièvre huileuse, striée par les acides, étoilée
de bulles savonneuses, plaquée de lueurs violettes
ou bleues, horriblement odorante coule placide,
lente et grasse entre deux berges de boue plantées
de peupliers étiques et de saules rabougris; c'est ce
que l'on appelle l'*avenue des Pendus* car souvent on
voit accroché à leurs branches quelque pauvre diable
qui est venu finir dans cette vallée de misère une
triste et dolente vie.

A travers les volets des usines se balancent les cuirs
ratatinés des bêtes. Ici, des hommes nus jusqu'à
la ceinture, râclent des peaux blanchâtres et dans
d'immenses hangars meublés de hautes cuves, ces
mêmes peaux trempent en un bouillon écumeux
où crèvent des bulles de bave; et le silence de tombe
n'est brisé que par le glissement, claquant comme un

fouet, des courroies épaisses sur les poulies, le battement des marteaux, le ronronnement des machines.
Puis, le boyau dépasse un terrain vague où s'érigent
de hautes cheminées. Des femmes passent, malpro-
pres, avec des enfants sur les bras, et le chaud soleil
des après-midi cuit dans ce creux où grouille la vie,
les émanations des peausseries, la fumée des toits,
les odeurs du ruisseau qui montent vers le ciel bleu
comme une haleine pestilentielle.

Dans le gazon, rare et sordide, pelé comme un
dos de chameau, croissent en abondance des plantes
parasites, qui viennent on ne sait d'où, les saxifrages,
la bardane, la folle avoine, les chardons et la laitue
vireuse, que les anciens appelaient la viande des
morts parce qu'elle croît dans les cimetières. Au pen-
chant du coteau, bossué de tas d'ordures, pailleté
de rognures de zinc et de copeaux de clinquant,
dans ce fumier étrange de banlieue fait de boîtes
à sardines et de peaux de lapins, flambe un coquelicot
et frissonne un pissenlit. Dans les ravines de ce terrain
effrité, brûlé, aride, éclatent, au milieu de balayures
de jardins, la digitale pourprée et la balsamine incarnat.

Attachée à un piquet, une chèvre malingre broute
l'herbe maigre, pendant qu'au seuil des masures
lépreuses de salpêtre, coiffées de débris de boîtes
à sardines, des hordes d'enfants déguenillés « se vaul-
trant par les fanges, se mascarant le visage, se chauf-
fourant le nez, » se battent et piaillent comme une
volée de moineaux francs.

Sur la hauteur dans d'immenses étendages, sèchent
des peaux multicolores, dans des terrains ravagés
s'arrondissent des montagnes de tannée aux senteurs
fétides; dans des cuves immenses bouillonnent des
choses sans nom. Plantées comme des chapeaux
pointus dans le sol caillouteux, des pyramides en
planches abritent l'entrée des champignonnières.

A gauche, dans un terrain vague, une ancienne
villa haute d'un étage, et dont la façade ornée de
statues et d'un balcon à colonnades semble avoir
souffert des morsures du temps et aussi de la rage
meurtrière du siège. Les obus lui ont arraché des mor-

ceaux de plâtre, découvrant sa carcasse comme
l'ossature rugueuse d'un vieux pachyderme; quel-

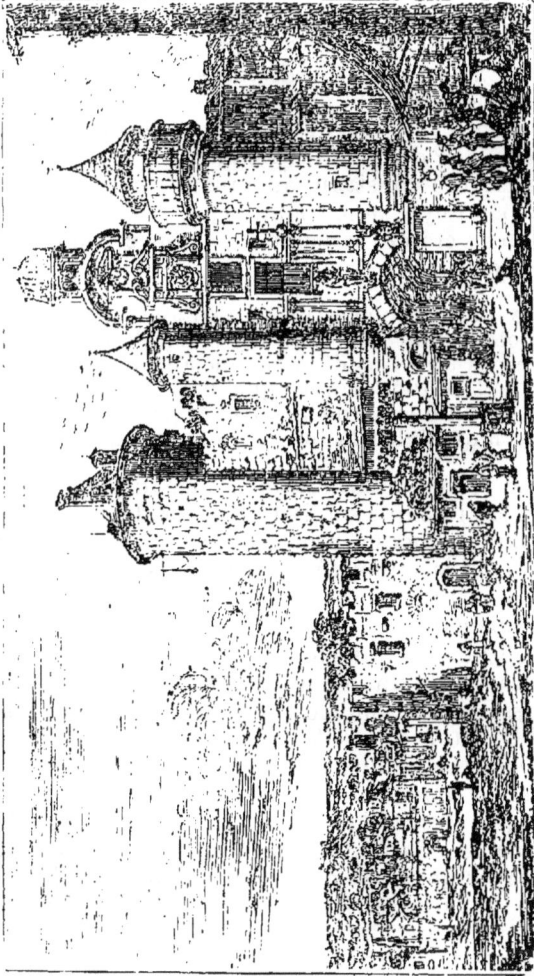

L'ancien Châtelet.

-ques volets sont clos, mais là où ils ont été arrachés,
les fenêtres avec leurs vitres brisées et garnies de

chiffons, semblent fleuries d'énormes végétations comme d'épaisses verrues noires. La toiture est affaissée en rigole sous la rage des vents ou les trombes du ciel, et l'on avait bouché ses blessures au moyen d'une grosse toile goudronnée.

C'est le *Château des Alouettes*, ainsi nommé du champ de l'Alouette, un joli nom de clos, et qui en dit bien l'origine; le temps est loin où l'oiseau gaulois chantait le long des saulaies de la rive.

Le castel fut construit au milieu du Clos Payen en 1762 par Peyre aîné, pour Leprêtre de Neubourg.

Dans des vers de sa jeunesse, Coppée chantait la vallée désolée :

Je rêve d'un faubourg plein d'enfance et de jeux,
D'un coteau tout pelé d'où ma muse s'applique
A noter les tons fins d'un ciel mélancolique,
D'un bout de Bièvre, avec quelques champs oubliés,
Où l'on tend une corde aux troncs des peupliers
Pour y faire sécher la toile et la flanelle.

Depuis, le pauvre ruisseau a bien dégénéré : de poétique, de biblique qu'il était, il est devenu industriel. Toute sa poésie s'en est allée avec la pureté de ses eaux et la salubrité des campagnes qu'il arrose. Ce n'est plus qu'un égout à ciel ouvert, et on le traite en conséquence.

Et cependant autrefois, cette pauvre Bièvre qui n'est plus qu'un égout putride, était un riant et frais ruisseau aux ondelettes claires. Le temps est loin où les castors dont elle tire son nom y pullulaient. C'est sous ses saulaies que le précepteur modèle de Rabelais, *Ponocratès*, conduisait son élève pour lui expliquer les *Eglogues* de Virgile et les *Idylles* de Théocrite. C'est là que les miniaturistes du Moyen-Age représentaient la scène de Bethléem : les anges apparaissant sur les hauteurs sombres de Bicêtre, dans un nimbe éblouissant et annonçant aux pasteurs de ces rives que « Christ est né ». C'est au milieu des prés fleuris qu'elle arrosait et où de petits moulins tictacquaient joyeusement, que Benserade faisait danser ses bergères au son des pipeaux enrubannés.

CHAPITRE XV

LA FIN DE LA BIÈVRE

(Suite)

Pendant tout le Moyen Age, de coquets manoirs et
de jolis séjours *de plaisance* semés dans la feuillée
fleurie qui ombrageait ses rives, se miraient dans le
vert tremblant de ses eaux. L'archevêque de Paris
faisait nopces et festins dans son castel de Gentilly,
nombreuses sont les Reines ou *Haultes Dames* qui
allèrent dans ses bocages, cacher leurs deuils ou
pleurer leurs amours défuntes.

La reine Blanche de Navarre, dans cette jolie maison, qu'on voit encore au fond d'une cour sordide,
entourée d'un jardin où « étaient cerisiers, lavandes,
romarins, haies poirées pour les lapins et chènevis
pour les oysaulx » — y pleura longtemps la mort de
son cher époux, Philippe de Valois.

Ce fut dans cet hôtel que Charles VI se rendit,
costumé en sauvage, à un bal que donnait la reine
douairière. Le duc d'Orléans approcha un flambeau
du roi; le feu prit à l'habit de plumes; on sauva le
roi, mais il devint fou.

L'hôtel du marquis de Moreschini, aux vantaux
constellés de clous énormes, est contigu.

Plus bas, Scipion Sardini, riche partisan de Lucques, venu en France comme tant d'autres maltôtiers
italiens, dans les bagages de Catherine de Medicis,
dont il fut le favori, ainsi que de Henri III, fit cons-

truire au bord de la jolie rivière un merveilleux palais de plaisance, enfoui, inconnu. Il en reste encore des arcades curieuses et de superbes médaillons sculptés en terre cuite d'une grande allure et d'une délicatesse extrême. C'est aujourd'hui la *Boulangerie générale des hôpitaux.*

Au dix-septième siècle, les lacs que la Bièvre formait étaient le rendez-vous des patineurs et des élégantes ; de ces lacs il ne reste qu'une mare, dont l'eau verte, piquée de lentilles d'eau et granulée d'hydrophiles et d'araignées, scintille parmi les roseaux.

Mais, dès la fin du siècle, des teinturiers s'établissent sur ses bords. « Gosbelin y tainct l'escarlate. » La rivière s'embourbe, se salit.

Claude le Petit, dans son *Paris ridicule et burlesque,* se demande :

> Est-ce de la boue ou de l'eau ?
> Est-ce de la suie ou de l'encre ?
> Quoi ! C'est le seigneur Gobelin !
> Qu'il est sale et qu'il est vilain !
> Je crois que le Diable à peau noire
> Par régal et par volupté,
> Ayant trop chaud en Purgatoire,
> Se vient icy baigner l'été.

La vallée était devenue lugubre et triste, c'était la *vallée de Misère,* c'était un séjour hanté du diable. Et que de souvenirs sinistres : le sombre château de Bicêtre, où

> Les sorciers, de suif graissés,
> Y traînent les voiries
> De pendus et de trépassés.

La *Maison Blanche* était une guinguette, repaire des Chauffeurs ; au Champ de l'Alouette, Ulbach tua la bergère d'Ivry ; au clos *Payen,* Fieschi gérait le moulin fortifié de *Croulebarde.* Victor Hugo, qui, lui aussi, chanta dans les *Feuilles d'Automne,* la rivière

> Où des saules pensifs, qui pleurent sur la rive,
> Laissent tremper dans l'eau le bout de leurs cheveux.

ne retrouverait plus son antique vision. Les
saules ont disparu, et les prés, et les oiseaux; deux
rangées de constructions en bois, laides et sales,
annexes des mégisseries voisines, les ont rem-
placées; aux parfums qu'exhalaient les rives toutes
fleuries ont succédé les âcres senteurs du tan et des
cuirs mal séchés.

Et cependant ce ruisselet que

... le nain vert Obéron boirait d'une haleine

a, malgré son air doux et inoffensif, des colères
terribles. Il lui prend fantaisie, parfois, de prendre
des allures de fleuve majestueux et formidable,
comme s'il recevait le tribut de cent cours d'eau et
des neiges fondues qui descendent au printemps
des hautes montagnes couvertes de glaciers éternels.

Les vieux chroniqueurs du temps passé rapportent
que la Bièvre inonda souvent les quartiers de Paris
qu'elle traversait, qu'elle détruisit des maisons et noya
quantité de manants, hommes, femmes, et enfants,
voire des moines de Saint-Victor établis sur ses rives,
au temps du bon roy Loys, septième du nom.
Entre autres, l'inondation du 8 avril 1579 a causé
de tels ravages que cette catastrophe est désignée
dans les chroniques sous le nom de *déluge Saint-
Marcel*. Ce jour-là, entre onze heures et minuit, la
rivière, grossie tout à coup par les pluies des jours
précédents, se gonfla, devint mugissante, atteignit
en quelques heures une hauteur de quinze pieds,
et torrent impétueux, renversa moulins, murailles
de clôture, fit crouler les habitations, noya tous les
gens surpris dans leurs lits, entraîna les mobiliers,
les bestiaux; ce fut un cataclysme comme on n'en
avait jamais vu; plus de soixante maisons furent
englouties. Cette immense noyade dura trente
heures, et les eaux une fois retirées, on accourut
en foule de la capitale et de plus de dix lieues à la
ronde pour contempler ce tableau de désolation.

Il y a quelques années encore, une inondation
furieuse creva les égouts qui l'enserraient et inonda

les riverains; il y eut de grands dégâts et morts d'hommes.

La Bièvre, après avoir passé sous le boulevard de l'Hôpital, était divisée en plusieurs bras par deux îles aux ombrages charmants. L'embarcadère du chemin de fer d'Orléans recouvre aujourd'hui l'emplacement de la rivière et le microscopique archipel cher aux amateurs de dîners sur l'herbe.

Depuis fort longtemps, dans les quartiers traversés on se plaignait de l'insalubrité et de l'odeur épouvantable de ces eaux visqueuses et croupies. Dès 1671, nous trouvons, dans une ordonnance du Grand-Maître des Eaux et Forêts un écho des doléances des habitants. Le Grand-Maître enjoint aux riverains de n'y plus jeter aucune ordure et de n'y déverser que des eaux claires. Dans un rapport récent sur l'histoire de la rivière de Bièvre, M. Masson, inspecteur de l'assainissement cite d'autres décisions qui toutes avaient pour but de conjurer les dangers que présentait pour les quartiers des Gobelins et du Jardin des Plantes le voisinage d'eaux déjà corrompues.

Nous avons voulu saluer avant qu'elle ne meure cette petite vallée qui fit la joie de nos pères, où ils allaient « pescher aux grenouilles et escrevisses, dit Rabelais, se vaultrer à l'ombre en quelque beau pré, raillans, gaudissans, desnichans des passeraulx, prenant des cailles, puis beuvans sous les bersiaux de vigne la douce purée septembrale ».

CHAPITRE XVI

AU CHEVET DE SAINT-SÉVERIN

La ville de Paris a acheté derrière Saint-Séverin,
ce charmant bijou de pierre, quatre vieilles masures
qu'elle vient de démolir et qui permettent de voir
le chevet de l'église débarrassé de cette gangue.

Deux maisons ont déjà été jetées bas, il y a une
quarantaine d'années, au coin du carrefour, et ont
formé une petite place d'une assez pittoresque
allure. Au milieu se trouvait une petite fontaine
dégagée des constructions qui l'entouraient. Le poète
Santeuil, l'épigraphiste attitré des fontaines de
son temps, avait composé un distique que Bosquillon
avait traduit en un sixain pas bien féroce :

> Quand les nymphes de la Seine
> Grimpant à perdre haleine
> Pour dominer ces monts,
> Une plus sage et moins vaine
> A tant d'orgueil et de peine
> Préfère l'humble soin d'arroser ces vallons !

Tout près d'une de ces maisons démolies, près
de grandes baies ornementées de grillages énormes
qui rappellent ceux que plaçaient les Espagnols
en Andalousie pour se garantir contre « la maladie
du cocuaige », était une petite logette, où une pauvre
fille s'enfermait pour le reste de ses jours, afin de pleurer sur les fautes de son prochain et « vivre tout en
Dieu et en sa contemplation ». La cellule de cette

pauvre folle n'avait qu'une ouverture par où les
bonnes gens du quartier lui passaient un morceau
de pain bis et une cruche d'eau de rivière. Elle
devait avoir le tout à l'égoût, mais il est vrai qu'au
moyen âge, on n'y sentait pas de si près.

Vers 1350, la recluse était une dame Flore «*Domina
Flora*», qui, avant de venir faire pénitence, avait
dû souvent porter ce nom païen dans les franches
lippées et les larges beuveries du quartier latin.
Ce que souvent, le soir, la pauvrette a dû, sur sa
couche de pierre, soupirer en entendant les refrains
bachiques des escholiers et des belles filles qui
s'en allaient, bras dessus, bras dessous, déambulant
dans les ruelles d'alentour !

Tout ce carrefour, dit *Germain Brice*, était le centre
du commerce des estampes et des libraires. Le long
des murs de l'Eglise, à la croisée des routes, se tenait
le marché aux Nippes.

Une vieille chronique parisienne que rima un
moine inconnu, dit :

> Après, oublier ne dois mie
>   Saint-Séverin pour la *ferperie* (friperie)
> Qui es tachetée et vendue,
>   En son carrefour.

Au jour où il y avait « rareté et pénurie de pécune
en leurs bourses » Messieurs les étudiants y vendaient
« leurs codices, leurs vestes » attendant anxieusement
les messagers qui devaient apporter « des pénates
et lares patrimoniaux le bienheureux métal ferru-
giné. » Ne dirait-on pas de nos jours ce tableau tracé
par *Rabelais* de la vie d'escholier au *Pays Latin* ?
Ces revendeurs, n'en déplaise à M. Drumond,
n'étaient pas Juifs, car la *Taille de* 1420 a donné leurs
noms qui sont ceux de parfaits chrétiens tout prêts
à exoriller les hérétiques et à flamber les païens, tout
en spéculant ainsi, comme de nos jours, sur les besoins
d'argent des Etudiants. « Clercs y sont engainés souvent, dit un vieux chroniqueur. Ô cité séduisante et
corruptrice, que de pièges tu tends à la jeunesse ! »

C'est dans ce carrefour qui, aujourd'hui a conservé

toute sa physionomie d'autrefois, qu'éclorent, à l'aube de la Ligue, les premières barricades dans la confection desquelles le bon peuple de Paris est passé grand maître.

C'est là que *Crillon*, à la tête des Suisses, fut arrêté et accueilli à coups de projectiles et d'arquebuse par tout ce populaire, sur les passions duquel les fanatiques prédicateurs soufflaient, du haut des bornes, dont ils faisaient des hurloirs, la colère et la rage religieuses.

Le duc de Guise, armé, éperonné, attendait au cloître Notre-Dame, qui était la citadelle de l'insurrection, le moment psychologique de marcher sur le Louvre.

Le duc de Brissac, le bras droit du duc de Guise, entouré d'une troupe d'escholiers, de débardeurs et de mariniers, d'artisans armés, éleva, à ce carrefour, la première barricade.

Les gardes de corps du roi voulurent poser des sentinelles au chevet de Saint-Séverin. Une mousquetade terrible s'engagea. De toutes ces rues fangeuses, de ce lacis d'impasses aux maisons profondes et noires, de ces boutiques sombres, sortit un peuple furieux s'armant de tout, remuant des pavés, roulant des tonneaux. Le tocsin strident vibrait au haut du lanternon de Saint-Séverin. Les femmes échevelées, hurlantes, jetaient de toutes les lucarnes, sur les soldats ahuris de ce nouveau genre de guerre, des pierres, des ustensiles, des meubles, des injures et des liquides variés. Les Suisses reculèrent; la royauté était vaincue. C'était le catholicisme qui avait montré la route, mais le peuple n'oublia pas ce jeu sanglant et nouveau, et deux siècles après, presque jour pour jour, la Bastille était jetée bas.

Aux journées de Juin, la bataille fut, là, implacable. Saint-Séverin était l'arsenal des prolétaires; l'église fut prise et reprise plusieurs fois.

Une seule des maisons qui va disparaître a un caractère et un passé.

C'est celle qui fait le coin de la rue de la Parchemineric. C'était l'ancienne demeure des évêques de Châlons quand ils venaient à Paris. Nos épiscopes ne devaient pas être tranquilles dans ce quartier populaire, quand le couvre-feu venait de sonner, au milieu des écoliers, des ribaudes et des truands qui menaient grand tapage, allaient frapper aux heurtoirs de l'huis des nobles demeures et faire mille autres aimables plaisanteries. Aussi les fenêtres sont encore ornementées d'énormes barreaux, et les ouvertures du rez-de-chaussée ont toujours une vague tournure de barbacanes et de meurtrières.

Les maisons voisines avaient été données à « l'œuvre de Saint-Séverin », c'est-à-dire à la fabrique, par de pieuses et saintes personnes, pour agrandir et dégager l'église et éloigner les tavernes qui s'y trouvaient et troublaient l'exercice de la sainte messe par leurs orgies et leurs tapageuses fredaines.

C'était l' « Image Sainte Katherine », la « Maison de l'Ours », où chantaient de bruyants buveurs, la « Maison du Dieu d'amours », grevé de rentes annuelles au profit de Nicolas Flamel.

Les curés et cheveciers de Saint-Séverin s'empressèrent de ne rien démolir et de tirer parti des immeubles en continuant les locations anciennes, malgré la volonté formelle des donateurs. L'Eglise sanctifie tout l'argent qu'elle touche.

Et il a fallu attendre que ce fût la République française qui exécutât les saintes et pieuses intentions des benoîts fondateurs.

Brûlée par les Normands, bâtie et rebâtie au neuvième et au quinzième siècle, Saint-Séverin est aujourd'hui un des monuments les mieux conservés et les plus charmants de Paris, avec ses contreforts étayés en tête par des clochetons, ses pontons couverts d'arcatures et de moulures en treillis, ses fenêtres avec entablement rehaussé de délicats feuillages, ses gargouilles façonnées en oiseaux et en quadrupèdes, ses ogives avec fleurons du quinzième siècle, ses élégantes colonnettes, sa galerie à jour, sa rose flamboyante, ses balustrades, ses corniches à feuillage

frisé où se jouent de petits animaux, sa mystérieuse
abside que portent, comme une synagogue, des pal-
miers de pierre symbolique, ses merveilleux vitraux,
son curieux portail qui vient de Saint-Pierre-aux-
Bœufs en la Cité et qui a été si habilement greffé.

Maintenant qu'on commence à la dégager, et
qu'elle apparaît dans toute sa beauté aux yeux
ravis des connaisseurs, c'est à qui s'extasiera sur
elle.

Au milieu de ces ruines, la vieille et charmante
église apparaîtra pour la première fois superbe et
intacte si l'on se décide à la débarrasser des masures
qui obstruent encore son flanc méridional.

Et c'est tant mieux, car c'est un véritable
joyau, un trésor d'art auquel, par une inexplicable
anomalie, on n'avait jusqu'à présent prêté qu'une
attention très relative.

Elle a encore grand air : on dirait d'une grande dame égarée chez des ribaudes et c'est, en effet, une
grande dame, une aristocrate de la religion qui n'eut
heureusement pas trop à souffrir des tempêtes qui
bouleversèrent si souvent Paris.

Tous ceux qui aiment dans Paris les aspects
multiples de son caractère regretteront fort toutes
ces vieilles rues aux noms si hautement significatifs,
baroques parfois, mais drôles, primesautiers, et qui
mettent en belle humeur : telles les rues du Chat-
Qui-Pêche, Boutebrie, de la Parcheminerie, etc.

C'est l'un des plus vieux quartiers de Paris, qui
est appelé à disparaître, et que les amoureux fervents
du passé feront bien de se hâter d'aller parcourir s'ils
veulent en garder un suprême souvenir.

CHAPITRE XVII

SAINT-PIERRE DE MONTMARTRE

LE DOYEN DES MONUMENTS PARISIENS. — LES
TEMPLES DE MARS ET DE MERCURE. —
LE CHŒUR DES DAMES. — HENRY IV EN
RELIGION. — LE PREMIER TÉLÉGRAPHE DE
CHAPPE. — MADAME JUDIC ET CÉLINE CHAU-
MONT COMMUNIANTES. — LE CALVAIRE DU
MONT VALÉRIEN. — LE SACRÉ-CŒUR.

Tandis que monte, à l'horizon, dans le ciel bleu,
comme une haute citadelle, resplendissante dans la
blancheur crue de ses lourdes assises de pierre, la basilique du Sacré-Cœur, à côté, enseveli dans son
ombre, gît et agonise, comme un hibou qui meurt au
creux de son nid, une pauvre petite église qui n'est
rien moins que la doyenne des édifices parisiens. Il y a
un contraste étrange, presque un abîme, entre les parvis et les entours de ces deux églises. L'une, la nouvelle venue, dont les murs nus attendent les gemmes
et les dorures, voit bourdonner autour d'elle une foule
de pèlerins qui vont, viennent, s'agitent devant ces
échoppes où l'on vend des chapelets, des scapulaires,
des images de piété, des statuettes polychromes représentant tous les saints : multitude bruyante qui
fait songer aux pardons de Ploërmel ou aux grandes
journées de Lourdes. Autour de l'antique église, au

contraire, des rues d'allure provinciale, de ces rues qui serpentent, muettes et silencieuses, au chevet des vieilles cathédrales, les rues Saint-Rustique, Saint-Eleuthère, où les poules picorent entre les pavés sertis d'herbes, où les bonnes femmes, assises sur le pas des portes, égrènent des pois ou tricotent des bas.

Le pauvre monument, qui est, comme en font foi les quelques vestiges des époques gallo-romaine et mérovingienne et les chapiteaux qui subsistent, le plus ancien des monuments de Paris, se trouve dans un état de ruine et de péril absolus. Les murs sont lézardés, les piliers disjoints; étayé de lourds madriers, le vieil édifice menace à chaque instant de s'écrouler. Ce n'est pas impunément que, depuis un siècle, les ouvriers carriers ont perforé la Butte comme un gateau de miel, que, depuis vingt-cinq ans, on en a secoué le sol à grands coups de sonde et de trépan.

Au sommet de ce monticule isolé, au milieu de la vaste plaine et des marécages qui entouraient Lutèce, les Romains avaient élevé deux acropoles blanches, deux temples dont le fronton et les colonnades se profilaient sur le ciel. L'un était dédié à Mars, le dieu de la victoire; l'autre à Mercure, le dieu du commerce. Ce Capitole remplaçait l'antique fanal gaulois — ce premier télégraphe aérien — qui donna le signal de la grande révolte de Vercingétorix. A maintes époques, on a retrouvé des vestiges de ces temples détruits par les nouveaux chrétiens : « La Colline sacrée, dit un pieux chroniqueur, était vouée au culte de ce dieu (Mercure), par une servitude diabolique. »

On détruisit les temples devant lesquels les martyrs avaient été suppliciés et leurs débris, suivant l'antique tradition de l'Eglise, furent purifiés et bloqués dans les fondations de la chapelle élevée au lieu du sacrifice.

C'est un lieu sacré, pavé de souvenirs. Paris était assiégé par les Normands, qui le pressaient de près; ils avaient assis une partie de leur campement au

haut de la Butte, aux entours de la chapelle qui fut
saccagée; du haut du tertre, ils défiaient Paris de
leurs cris de mort. Les Parisiens se battaient avec
rage, mais ils allaient succomber quand, un matin,
au soleil levant, ils virent du haut des murs et des
tours trois escadrons aux casques d'or qui venaient
d'escalader la Butte, après avoir traversé les lignes
des barbares. C'était le comte de Paris, Eudes, qui
accourait au secours de la cité aux abois.

La chapelle fut rebâtie, mais renversée un siècle
après par un ouragan où les exorcistes du temps
virent l'œuvre des démons poussés par le vieux dieu
païen.

Othon II, cet empereur d'Allemagne que sa man-
suétude avait fait surnommer « le Boucher et la
Pâle Mort des Sarrasins », après avoir troué de sa
lance la porte du sanctuaire en signe de conquête,
y fit chanter un *Alleluia* de victoire. Aalix, femme de
Louis le Gros, y fonda un couvent de Bénédictines,
où elle fut enterrée. En 1353, procession solennelle
« pour ce que le benoist roy Charles VI avoit failli
être arsé au bal de la Royne Blanche ». Les religieuses rebâtirent l'église, dont elles firent une dé-
pendance de leur couvent et qui fut consacrée par
saint Bernard; la partie antérieure restait affectée à
la paroisse, tandis que le chœur et le transept formèrent le sanctuaire réservé aux religieuses, ce fut le
Chœur des dames.

Le 15 août 1534, Ignace de Loyola, maître ès arts
de la Faculté de Paris, jura, avec sept Espagnols,
dans la petite église, l'alliance qui est regardée
comme l'acte de fondation de la Société de Jésus.

Les religieuses de la noble et royale abbaye jouissaient de nombreuses prérogatives; mais l'air était si
vif, dans le cloître du moutier, battu de l'âpre bise
du Nord, que beaucoup de nonnes étaient emportées par la phtisie; l'abbesse Hélissende dut autori-
ser ses ouailles à porter des chemises de laine, ainsi
que des chausses fourrées. Ces précautions hygié-
niques ne suffirent pas; montées sur ce faîte meurtrier, elles aspirèrent à descendre dans un climat plus

doux et, s'arrêtant à mi-côte, où déjà elles avaient une chapelle, elles s'installèrent dans un nouveau bâtiment.

D'ailleurs, Henri IV, qui assiégeait Paris, venait d'établir sur la terrasse du couvent une batterie qui troublait fort les saintes filles dans leurs pieuses méditations.

Sous Louis XIV, le couvent d'en haut ayant été définitivement abandonné, on transporta en grande pompe les saintes reliques et l'on démolit tout le corps de logis de la maison conventuelle qui l'entourait. On ne laissa qu'un chœur et une grille pour les stations qu'y venaient faire les religieuses et, dans ce chœur, furent enterrées les abbesses. L'église était surmontée d'un petit clocher qui fut supprimé en 1751.

A la Révolution, le couvent fut vendu et morcelé. L'église paroissiale devint successivement un magasin d'armes, un temple pour les fêtes patriotiques, une salle d'assemblée pour les électeurs de la section. Le 4 août 1793, le Comité de salut public avait ordonné d'urgence la création de postes télégraphiques entre la capitale et les frontières du Nord; l'abbé Chappe fut chargé de l'organisation du nouveau service; on éleva à la hâte une tour en pierre sur les voûtes du xie siècle; cette tour ne reposait même pas sur les murs; aussi dut-on établir des piles en maçonnerie. Le 30 août 1793, Carnot parut à la tribune de la Convention, tenant à la main la première dépêche transmise par le poste de Montmartre. C'était l'annonce d'une victoire : « Condé est restitué à la République, la reddition a eu lieu ce matin, à six heures. » Dans cette même journée, trois dépêches furent échangées entre le poste et la frontière; les représentants étaient dans l'enthousiasme et beaucoup accompagnèrent le Comité qui vint admirer l'invention nouvelle.

La dernière abbesse de Montmartre était morte sur l'échafaud. Après la Révolution, la vieille église fut rendue au culte et, dès lors, elle n'a plus d'histoire; cependant, elle peut se souvenir d'avoir vu passer, en des années dont notre galanterie nous interdit de donner le millésime, deux fillettes de qui les frimousses ébouriffées affectaient, sous leurs blancs voiles de communiantes, des airs graves; ces deux enfants s'appelèrent, plus tard, Mmes Judic et Céline Chaumont.

Chaque jour, le vieux sanctuaire, qui vit tant de choses si diverses, s'effritait, battu par les rafales, ses voûtes se fendaient, ses piliers se déversaient : il était à la merci du premier ouragan. Sa démolition avait été décrétée; le curé y avait célébré la dernière messe, le vieux temple n'avait plus qu'à mourir. Mais les amoureux du vieux Paris, les Académies, les Sociétés de l'histoire de Paris, du vieux Montmartre, des Amis des monuments parisiens et des Antiquaires de France se liguèrent et se mirent en campagne. Ils ne voulurent pas voir anéantir ce monument vénérable, si intimement lié à l'histoire de Paris, à ses plus anciens souvenirs, à ses plus lointaines traditions, si curieux avec ses baies romanes, ses ogives élégantes, ses colonnes gallo-romaines ornées de chapiteaux à feuillages, ses voûtes portées sur des nervures toriques, à clefs historiées. Fallait-il en faire un musée ou lui rendre son ancienne destination? Dans un rapport dont il faut lui savoir gré, un des fougueux socialistes du Conseil, M. E.¹ Fournière, a demandé à l'Assemblée communale qui l'approuvait, la restauration intégrale du monument et sa remise au culte catholique lequel continua d'y célébrer ses rites. Les réparations ont été entreprises d'urgence; quatre-vingt mille francs y furent consacrés, dépense supportée partie par l'État et partie par la ville de Paris.

Nous conserverons donc la vieille église avec son parvis si pittoresque, la vieille tour de Chappe et ce calvaire, qui est l'ancien calvaire du Mont-Valérien, apporté à Montmartre quand, en 1842, on construisit le fort, ce calvaire naïf et curieux d'où émergent, au milieu de verdures et de rocailles verdies par la mousse, les figurines du Christ et des larrons et le tombeau si primitif où le corps du Crucifié apparaît.

Allez là-haut, par un beau soir, grimpez les
quelques marches qui vous conduiront sur la terrasse
où monte le grondement sourd de l'océan parisien.
Le spectacle est merveilleux. A vos pieds, Paris tout
entier, avec ses dômes, ses flèches, ses tours, dont les
ors s'allument et scintillent à la lumière mourante du
crépuscule, au-dessus de la houle des toits, et, au loin,
les coteaux de Meudon et de Saint-Cloud se perdant
dans la brume du soir.

Autel Gallo-Romain

CHAPITRE XVIII

LE PERCEMENT DE LA RUE DANTON

Si, en ce temps de froidure, les morts vont vite, elles aussi, les maisons du vieux Paris, défilent en foule à la parade que M. Haussmann, comme chacun sait, passe aux Champs-Elysées à l'heure de minuit, des quartiers démolis et des bâtisses trépassées.

L'année dernière, le percement de la rue Réaumur et l'élargissement des rues Beaubourg et du Four ont jeté bas de vieux coins de Paris pleins d'antiques souvenirs, témoins des vieilles choses des chroniques parisiennes. Aujourd'hui, la pioche est suspendue sur deux vieux quartiers qui ont vu se dérouler cent actes divers de l'ample tragi-comédie qui a eu notre vieille cité pour théâtre.

Chaque jour, on revoit ce mélancolique et poignant tableau de la démolition d'antiques maisons où vécurent tant de générations disparues et dont Daumier, Louis Bouilhet et Sully-Prudhomme ont si bien su nous rendre le sentiment de tristesse profonde :

> ...Elles ont l'air de veuves
> Qui se souviennent en pleurant.
> C'est pourquoi lorsqu'on livre aux flammes
> Les débris des vieilles maisons
> Le rêveur sent brûler des âmes
> Dans les bleus éclairs des tisons.

Sur la rive gauche, le prolongement de la rue Danton a fait disparaître un des coins les plus curieux du vieux Paris, qui avait gardé, du temps où il n'y avait là que des cultures et des jardins fleuris, une allure provinciale et discrète.

C'était l'ancien clos de Lias, dont les prés verts étaient coupés par de vieux chemins creux, cachés dans les haies de sureaux et d'aubépine. C'était un de ces sentiers fleuris que suivaient, sur son chariot attelé de bœufs, dans sa blanche robe de veuve, la reine Ultrogothe et ses filles, pour aller prier, au moustier de Saint-Germain-le-Doré, sur la tombe de son époux. Les noms des rues qui ont succédé à ces voies gallo-romaines : des Petits-Champs, Serpente, Jardinet, Hautefeuille, ont gardé comme la senteur des prés et la fraîcheur des vergers d'autrefois.

Au moyen âge se bâtirent là plusieurs de ces petits collèges de demi-exercice, aux constitutions si bizarres et aux portes desquels, dès l'heure de prime, piétinaient dans les fanges du pays latin les bandes des externes, *les martinets et les galoches* (*turba galochiferum*), lesquels ne pouvaient, faute de bourse ou de place, coucher dans les collèges et n'étaient admis qu'aux cours.

La percée a emporté presque en entier la vieille rue des Poitevins qui, à son retour d'équerre dans la rue Serpente, portait un nom que la gauloiserie de nos ancêtres, qui dans les mots bravaient l'honnêteté, n'hésitait pas à faire graver sur les pierres d'angle.

Un vieux logis est tombé qui fut un collège fondé en 1343, par « Maistre Robert Mignon, clerc du roy en sa Chambre des Comptes », lequel « fit assortir et convertir en collège trois maisons contigues pour douze escholiers de sa famille ».

La fondation fut des plus laborieuses; les héritiers du donateur se firent tirer l'oreille; sur la plainte de l'Université, ils durent s'exécuter.

Il fut, au milieu du xviiie siècle, réuni à l'Université, comme tous les autres collèges sans exercice.

Déclarés propriétés nationales en 1790, les bâtiments servirent de dépôt aux Archives du Trésor.

Robert Lindet, l'austère conventionnel, l'acharné travailleur du Comité des Finances, y habita. Depuis, des dynasties d'imprimeurs s'y succédèrent.

Il reste encore la chapelle, reconstruite en 1749, qu'on voit de l'extérieur; à l'intérieur, on retrouve aussi quelques colonnes, quelques chapiteaux qui subsistent de l'ancien collège.

Dans la rue des Poitevins, le vieil hôtel de Thou a été emporté par la trajectoire de la rue nouvelle.

La rue des Poitevins est une des plus vieilles de Paris; elle existait déjà en 1253, sous le nom de *Gui le Queux*. Le *pourpris* et les jardins du collège de Boissy allaient jusque-là; obligé, pour sustenter ses boursiers, de démembrer son domaine, le principal vendit les dépendances en bordure de la voie à Christophe de Thou, le premier Parisien qui se donna le luxe d'un carrosse.

De Thou y fit construire, luxueux pour le temps, l'hôtel qui, il y a quelques temps, a disparu sans retour, ne laissant qu'un sillage dans l'histoire de Paris.

Son fils, Jacques-Auguste, y écrivit sa magistrale *Histoire de mon temps*. Il y mourut en 1617, n'ayant qu'un fils de 10 ans, qui y était né et à qui le bourreau de Lyon, un vieux gagne-denier, ne put trancher la tête qu'au septième coup de couperet.

Après la mort de la victime de Richelieu, la superbe bibliothèque de Thou fut dispersée.

Après avoir passé par plusieurs mains, l'hôtel fut vendu par le président de Cotte à M. Panckoucke, fils d'un joyeux libraire de Lille qui avait écrit l'*Art de se désopiler la rate*. Ce ne sont pas des ouvrages de ce genre qu'édita M. Panckoucke fils: là parurent l'*Encyclopédie méthodique*, les *Œuvres de Buffon* et de *Voltaire*, les *Mémoires de l'Histoire de France* et de superbes et savantes traductions de Tacite, de Lucrèce, de l'Arioste et du Tasse.

On y tira, en quinze jours, cinquante mille exemplaires — ce qui, alors, semblait prodigieux — du fameux compte-rendu de Necker, dit *Conte bleu*, à cause de sa couverture.

Aux jeudis de l'hôtel de Thou, que présidait gracieusement la belle Mme Panckoucke, à qui Voltaire envoyait des madrigaux à la rose, fréquentait fort

Collège de Boissy

toute une assemblée de beaux esprits, Helvétius, La Harpe, Chamfort, Chénier, Grouville, Berquin, Noël, Garat, Ginguené, Sedaine, Naigeon, etc.

Au-dessus de la cheminée du salon, une côte d'Héloïse et un fragment du crâne d'Abailard étaient exposés, dans un reliquaire de bronze, à l'admiration des fidèles du lieu.

A la veille de la Révolution, M. Panckoucke, qui était très lié avec les encyclopédistes, publiait la *Gazette de France*, le *Journal de Genève* et le *Mercure de France*.

Le *Moniteur universel* y prit naissance. Cette réunion de journaux avait fait de la rue des Poitevins, sous la Révolution, ce qu'est aujourd'hui la rue du Croissant. Cette rue, maintenant si monacale d'aspect, si provinciale d'allure, avec ses grands murs sévères et tristes, ses vieux hôtels endormis, retentissait alors des véhémentes clameurs, des cris stridents des *aboyeurs* de placards, hurlant de cette voix aimable et mielleuse dont les vendeurs de *Résultats des curses* ont gardé le secret : *Grande motion de M. Barnave ! Le Roi en fuite ! Départ de M. Véto ! Grande trahison de Mossieu le comte de Mirabeau !!!*

Autres temps, mêmes mœurs.

Le premier étage de l'hôtel, décoré de boiseries superbes, est occupé aujourd'hui par une pension, célèbre jadis, à présent bien déchue de sa splendeur première. C'est la pension Laveur, qui a eu son histoire et sa part d'influence dans la période si mouvementée et si tourmentée de ces quarante dernières années.

C'est à cette table d'hôte que se réunirent, pendant l'Empire, tous ces artistes et ces écrivains, de parole libre et d'allure indépendante, à qui les cafés étaient suspects et les cercles interdits. Le père Laveur était un vieux Forézien qui était venu établir, vers 1845, un restaurant rue des Mathurins; l'expropriation le fit émigrer rue des Poitevins.

Toute sa clientèle d'étudiants, de stagiaires, d'artistes, suivit celui qu'on appelait alors le comte de *Quitus*, probablement à cause de sa grande facilité à faire crédit à un étudiant malheureux.

La chapelle des de Thou, dont Mme Panckoucke avait fait son cabinet de bains, devint une des salles du restaurant; elle avait gardé sa voûte gothique; on

9.

l'appelle le *Caveau*. C'est là que se célébraient, dans le mystère, les dîners ésotériques et traditionnels du *Samedi*.

Le menu était presque toujours le même : soupe aux poireaux, choux rouges au lard, filet au four, rissolé et saignant, morue Mithridate; cuisine exquise arrosée d'un beaujolais délicieux. Vingt couverts d'habitude, sauf à mettre une rallonge. Il y avait là Gambetta, Floquet, Spuller, Clémenceau, Charton dit *Boule d'ivoire*, le docteur Ordinaire, Ranc, Castagnary, Chaudey, Alphonse Daudet, Rambaud, le *docteur d'azur*; Vermersch, qui mourut fou à Bedlam, y récitait ses curieux « vers de Bohême ». Gustave Mathieu chantait la messe de *M. Gaudéru, au chapeau cornu*, et l'on riait fort des allusions à l'empereur. De sa voix cassée, Pierre Dupont chevrotait son merveilleux *Chant des ouvriers*. Pothey, à la tête de loup, murmurait sinistrement sa *Muette*, André Lemoyne, le fin poète des *Charmeuses*, surnommé *Triple curaçao sec*, récitait les *Moines de la Grâce-Dieu*.

Le docteur Dupré, qui avais mis la médecine en rondeaux et qui préludait à ses cours par un couplet de la *Marseillaise*, qu'on devait écouter tête nue, récitait, avec une mimique expressive, deux ou trois couplets de ses *Nerfs crâniens*, jamais plus : une bordée de cris d'animaux l'interrompait. « On voit bien, disait-il philosophiquement, que la parole humaine est impuissante à rendre leur admiration. »

André Gill, le gilet en cœur sur un plastron de batiste, une rose piquée au revers de soie de l'habit, les cheveux au vent, les moustaches crespelées, souriait aux grasses et grivoises villanelles que, de sa voix traînante de Franc-Comtois, chantait Courbet.

Il était bien là chez lui, le maître d'Ornans, en bras de chemise, poignets retroussés, sans cravate, son énorme cou de marbre nu, lampant de larges rasades, ne voulant pas qu'on emportât les bouteilles vides, mangeant lentement, à la façon du paysan qui sait le prix de la nourriture, et riant d'un gros rire dont les ondes sonores vibraient dans sa barbe.

Il chantait :

Bridez mon cheval, mettez-lui la selle,
C'est pour voir Madelon la belle,
Dondaine,
C'est l'amour qui nous mêêne !

Carjat apportait la note gouailleuse du boulevard.
Puis, les huis bien clos, Gambetta, de sa voix profonde, récitait la *Nuit du* 4 ou quelque pièce vibrante
des *Châtiments*. Au dessert, le père Laveur, traînant
ses pieds goutteux dans ses chaussons de lisière, les
cheveux gris plantés comme des épingles dans une
pelote, arrivait, portant un panier de bouteilles de
vieux beaujolais de derrière les fagots ; on trinquait à
la ronde et on demandait : *Le coup d'Etat, le coup
d'Etat !* Et alors, de sa voix de basse qu'il s'efforçait
d'assourdir, le père Laveur chantait la fameuse chanson en vers blancs qu'il avait composée en... le déshon-
neur de l'Empire. Nous avons retenu ce couplet qui,
seul, comme le sonnet d'Arvers, surnagea de l'œuvre sur l'océan des âges :

C'est aujourd'hui l'anniversaire
Du crime du Deux-Décembre,
Les bandits massacrèrent à domicile
Et même dans les rues adjacentes *(sic)*.

Ce que l'on bissait le dernier vers !
Les murs en ont entendu de raides sur la dynastie,
et souvent les oreilles du *tyran des Tuileries* ont dû
lui tinter. C'est de cette chambre, où une légende,
amusante, mais fausse, veut qu'aient été composés,
dans la nuit du 2 décembre, les décrets et les proclamations du coup d'Etat, qui serait sorti de là

...tout flambant de la forge,

et que partirent tous les pasquins et les chansons contre l'Empire : *La guillotine à l'Elysée, la rue Mar-
beuf*, etc.
Mais tous n'entraient pas dans ce lieu sacré, il fallait avoir patte blanche et conscience républicaine.
Dans les salles communes toute une pléiade de lit-

térateurs, d'artistes, d'avocats, bavardait, riait, buvait : les peintres Heilbuth, Hanoteau, Lansyer, Harpignies; les musiciens Michot, Guieymard, Merly; les poètes Mérat, Valade, Philoxène Boyer, etc. Ce qu'il s'est débité là d'esprit comptant, de théories truculentes, de mots à l'emporte-pièce, de déclamations fougueuses, de dissertations turbulentes sur l'art, de gaieté tapageuse et bonne enfant !

Jules Vallés, les yeux luisants, la barbe d'un noir bleu, racontait de sa voix de cuivre, âpre et mordante, les épisodes burlesques et lugubres de son enfance, dont il fera plus tard *Jacques Vingtras*, ce merveilleux livre. Il poursuivait l'idéaliste et classique Toussenel, le précurseur des antisémites, le chantre des Bêtes, de ses paradoxes féroces et de ses insultes aux « vieux pompiers de l'Olympe ».

Exaspéré, Toussenel se levait : « Sculptez dans du fumier si vous voulez, je m'en f...iche, mais laissez-nous Pallas Athéné, Vénus Aphrodite, dans la blancheur nivescente de leurs marbres : Vallés, je bois à l'immortalité des dieux de l'antique Hellade ! Que trouvez-vous de plus beau et de plus divin qu'une urne antique ? » « Un litre plein », répondait tranquillement Vallés. Et Toussenel, les yeux hors de la tête, les moustaches hérissées, aphone, convulsé, brisait son verre.

Le baron Brisse confectionnait les menus que souvent Villemessant et une bande de boulevardiers venaient savourer.

A la guerre, tout cela se dispersa, les uns allèrent à l'Hôtel de Ville, les autres aux frontières ou aux remparts. Aux jours sinistres de la Commune, quelques amis se réunissent encore comme en un lieu d'asile pour causer du passé. Le soir de la démolition de la Colonne, Courbet était triste, il sentait bien que le temps était fini de rire et que chaque jour l'armée de Versailles s'avançait, implacable. « Je n'avais pas demandé qu'on la jetât par terre, cette côlône, disait-il avec son accent du terroir comtois, j'avais proposé qu'on dévissât le bonhomme en chemise qui est dessus et qu'on envoyât dans le cloître des Invalos les pla-

ques de bronze où des troupiers grimpent le long du
mirliton, puisqu'il y a des gens qui aiment ça. » Peut-
être pressentait-il alors qu'on lui ferait payer le fût
cassé par d'autres que par lui.

La guerre et la Commune ont dispersé tous ces gais
compagnons; bien peu sont encore debout qui étaient
de ces franches et gaies lippées, de ces saines beuveries,
de ces dîners familiers, où cinglait si fort l'esprit français et sonnait clair et haut le vieux rire gaulois. Le
père Laveur est mort, restent seules sa veuve et tante
Rose, si droite et si sculpturale dans sa caisse que
Gambetta l'avait surnommée la Tour d'ivoire, *Turris
eburnea*.

La pension Laveur est devenue calme et silencieuse.
Elle donne hospitalité aux graves étudiants du temps
présent qui méprisent les joyeusetés de leurs anciens.
Jeunes gens, donnez-nous vos vingt ans, si vous n'en
faites rien !

Parfois un homme d'Etat, un député, un médecin
ou un avocat célèbres, y viennent se rappeler avec mé-
lancolie leur jeunesse passée, si sonore et si gaie, qu'ils
comparent aux grisailles de l'âge, et regretter la vie
d'antan, le temps qui ne reviendra plus, les heures
d'illusion disparues, l'ardeur, l'enthousiasme de la
jeunesse.

La rue Danton déboucha ensuite sur la place
Saint-André-des-Arts, où était l'ancienne rue du Cimetière Saint-André, auparavant la rue Poupée. On
sait que, dans le langage populaire, *poupée* est encore
le synonyme de ribaude. Il y avait là, au chevet de
l'église Saint-André-des-Arts, une des plus belles
églises de Paris, démolies vers 1807, une colonie de
ces Madeleines non repentantes, de « galloises au
corps gent », comme dit le vieux chroniqueur de Paris, Guillot, et dont il nous donne les noms : Aveline
la Morelle, Linès l'Alète, Lorencète aux blanches
mains, Mahaut la Popine.

Dans une des maisons qu'a fait tomber la trouée
était un de ces anciens petits collèges qui pullulaient
sur la rive gauche, au pays latin : le collège de Boissy ;
on voit encore les restes de sa chapelle. Ce collège

avait été fondé pour six pauvres clercs « de petite extrace » par G. Vidé, clerc du roi. La chapelle, dont les derniers vestiges vont tomber dans quelques jours, fut construite et bénite en 1528 par l'évêque de Mégare.

Le collège eut le sort de tous ces petits collèges : les rentes baissèrent, les bourses durent s'éteindre peu à peu, et il vint se fondre dans l'Université à la fin du dix-huitième siècle.

CHAPITRE XIX

LE TEMPLE

LES CHEVALIERS DU TEMPLE. — LEUR PROCÈS
ET LEUR RUINE. — UN ASILE DE BANQUE-
ROUTIERS. — LES PETITS SOUPERS DU
TEMPLE. — LA FAMILLE ROYALE. — LA
ROTONDE. — LE GÉNÉRAL MOUSSEUX. —
CHINEURS, RAPIOTEURS, NIELLEURS.
LA GUEULE D'EMPEIGNE.

Le Temple se meurt, le Temple est mort ! Depuis
longtemps ce marché des petites bourses agonisait; la
plupart des boutiques étaient abandonnées, l'ouverture des magasins de confections à bon marché a
chassé du Temple marchands et acheteurs. C'est un
coin curieux du vieux Paris qui a disparu, un coin où
s'accrochaient des lambeaux de notre histoire et qui
devint ensuite célèbre dans le monde entier par son
pittoresque.

Sur l'emplacement du marché était, au moyen âge,
un vaste enclos comprenant le monastère des chevaliers du Temple.

C'est au douzième siècle que les Templiers acqui-
rent de vastes terrains en dehors des remparts de la
Cité. Ils firent bâtir un château flanqué de tours, entouré de cours spacieuses et de jardins superbes : une
muraille crénelée en défendait les approches et un
fossé profond régnait autour de la muraille, aborda-
ble seulement quand les ponts-levis étaient baissés.

Au milieu s'élevait, formidable et altier, le donjon,
la Tour où étaient renfermés le trésor et les archives.
Pour y arriver il fallait traverser trois cours inté-
rieures. C'était un bâtiment composé de plusieurs
tours réunies, au milieu desquelles était un édifice

carré dont les murs étaient de la plus grande épaisseur; un lit en long entrait aisément dans l'embra-
sure des fenêtres qui étaient garnies de gros barreaux
de fer.

Cette tour était regardée comme un des plus solides

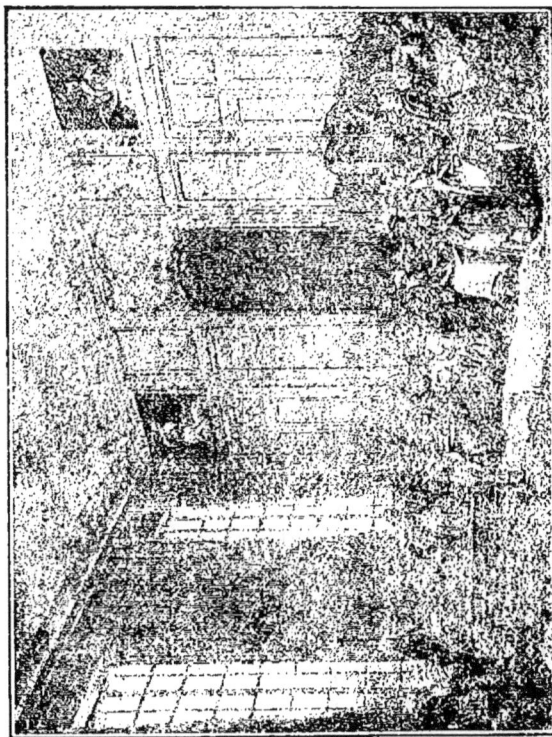

Un Salon à l'Hôtel de Vendôme

édifices du royaume; les rois de France y ont longtemps déposé leurs trésors quand ils partaient pour
la croisade ou une expédition lointaine: Philippe le
Bel y trouva asile, en 1306, contre une émeute populaire.

Ce fut dans ce formidable manoir que les fiers chevaliers, qui prétendaient ne relever que de leurs Grands

Maîtres, régnèrent en souverains pendant plus de cent ans, opposant aux rois de France une juridiction dont ceux-ci étaient obligés de respecter les prérogatives et les abus.

Fiers des services rendus et de la protection qu'à l'occasion ils accordaient aux rois eux-mêmes, les chevaliers de l'ordre guerrier et hospitalier du Temple ne se bornaient plus alors à ce qui avait été le but primitif de leur institution : défendre la Croix du Christ et héberger les pèlerins et les pauvres voyageurs. Ils faisaient aussi, par exemple, le commerce des blés dont ils eurent un moment presque le monopole. Tant que durèrent les croisades, ils avaient rendu les plus grands services à la chrétienté; mais lorsque la Palestine fut définitivement perdue (1291). revenus en Europe et répandus dans leurs commanderies, ils n'y vécurent pas toujours d'une manière édifiante. L'habitude de la vie militaire, un séjour prolongé au milieu des Arabes, et surtout l'opulence de l'Ordre, avaient altéré leurs mœurs et peut-être même la pureté de leurs doctrines. On prétendit qu'ils avaient adopté quelques-unes des croyances mystiques et licencieuses de l'Orient. On leur reprocha de mener une vie dissolue : le dicton « boire comme un Templier » date peut-être de ce temps. On les accusa de magie, crime si souvent reproché même aux esprits supérieurs en ces temps de crédule ignorance.

En fait, les Templiers étaient riches; leur turbulente milice portait ombrage à l'autorité royale qui chaque jour s'affermissait.

Tels furent probablement leurs vrais crimes.

Philippe le Bel fit saisir tous ceux qui se trouvaient en France; il s'empara de leurs biens et les fit juger par les juridictions royales et ecclésiastiques.

Ils furent condamnés sans que la torture leur arrachât un aveu. Le grand maître, Jacques de Molay, et Guy d'Auvergne, furent brûlés à la pointe de la Cité.

Le Temple confisqué fut donné à l'ordre des *Hospitaliers de Saint-Jean de Jérusalem*, nommé depuis *Ordre de Malte*. Les chevaliers firent du Manoir la maison provinciale du Grand Prieuré de France, dont le titulaire était ordinairement un des plus hauts personnages du royaume.

Les chevaliers de Malte furent moins guerriers que leurs farouches devanciers; ils aliénèrent une partie de leur vaste enclos, jetèrent bas les antiques murailles et les tours qui les flanquaient de distance en distance.

Des petites maisons furent bâties où s'établirent, dans l'enclos privilégié, les artisans qui pouvaient échapper aux ordonnances et règlements concernant les métiers. Au moment de la Révolution, cette colonie franche avait pris une importance considérable; il y avait plus de cent maisons et quatre mille habitants sur lesquels s'exerçait la haute et basse justice du grand prieur.

C'était aussi l'asile des banqueroutiers et des personnes poursuivies pour dettes; c'était un lieu d'exception, au milieu de la capitale de la France, où les exempts n'avaient pas le droit de pénétrer : un reste du particularisme féodal.

Sous la Régence, le quartier du Temple avait l'importance dont avait joui d'abord la place Royale et qu'allait prendre le Palais-Royal à la veille de la Révolution.

Disgracié par Louis XIV, le grand prieur Philippe de Vendôme se retira dans le prieuré et s'y livra à ses goûts d'aimable épicurien.

Il sut s'entourer de gens d'esprit et de plaisir; les soupers du Temple, immortalisés par Chaulieu, virent éclore une envolée de jolies chansons bien françaises et qui n'ont pas vieilli. La Fare y brillait de tout l'éclat de sa gaieté; Chaulieu, riche prébendier, chantait l'amour et le vin; Jean-Baptiste Rousseau y récitait ses odes, Piron ses contes légers.

A Philippe de Vendôme succéda le prince de Conti qui, en 1770, accueillit Jean-Jacques Rousseau fuyant les persécutions que lui avait values l'*Emile*, et aussi les prétendus ennemis que lui montrait partout son imagination.

En 1779, l'enclos tout entier fut vendu à bail em-

phytéotique, morcelé et livré aux entreprises parti-
culières.

Les fleurs des fêtes et des petits soupers étaient à
peine fanées, les échos de ce voluptueux séjour mur-
muraient encore de tant de rires, de versiculets ba-

Le Donjon du Temple

dins, de chansons à boire, de refrains galants, quand
éclata le coup de tonnerre de la Révolution et que
Louis XVI et sa famille furent amenés dans la Tour,
comme pour y expier ces plaisirs d'une société finie.
Les prisonniers occupaient tout le premier étage.

C'est de la Tour que partirent Louis XVI pour l'é-
chafaud, son fils pour le cimetière Sainte-Marguerite

et sa fille pour l'exil. Elle continua à être prison d'Etat ; les vaincus du camp de Grenelle n'en sortirent que pour être fusillés ; elle fut l'antichambre des proscrits de fructidor avant la déportation à Sinnamary. Elle servit ensuite de lieu de réclusion à un grand nombre de personnages célèbres : Rivarol, Esménard, l'auteur du poème de *la Navigation*, Fiévée, de Rémusat, de Montlosier, le commodore Sidney Smith, le général Pichegru, Moreau, Georges Cadoudal, le marquis de Rivière, les frères Polignac, la Ville-Heurnois, etc...

Quand l'empire fut affermi, Napoléon décida de faire démolir cet édifice qui rappelait tant de sinistres événements et dont on ne sortait que pour aller à la mort.

« Il y a trop de souvenirs dans cette prison-là, il la faut abattre », dit-il à Frochot, qui s'empressa de la faire jeter bas.

Un autre personnage qui avait joué un rôle dans la Révolution mourut aussi au Temple vers la même époque, mais pas dans le donjon. Le général Santerre, ex-brasseur du faubourg Saint-Antoine, qui commandait la garde nationale le jour de l'exécution du roi, qui se fit battre en Vendée par les Chouans, et qu'on avait surnommé le *général Mousseux*, à cause de son ancienne profession, s'était rendu propriétaire de la Rotonde construite dans l'enclos en 1789 (1).

Cette rotonde était un bâtiment isolé, de forme circulaire ; des arcades soutenues par des colonnes toscanes donnaient du jour et de l'air à une galerie couverte, bordée de boutiques où étaient installés des ouvriers d'articles de Paris et de petits marchands.

Pendant la Révolution, le Temple dont le jardin fut, après l'exécution de Louis XVI, ouvert au public, devint un centre d'activité et un but de flânerie parisienne. Une foire s'y établit, permanente, populaire, tandis que celle du Palais-Royal était aristo-

---

(1) Notons que Santerre avait été commandant de la prison du Temple pendant la captivité de Louis XVI et de sa famille.

cratique; *la Friperie*, cette branche si antique et si importante du commerce parisien, s'y installa en conquérante.

Dans une ville comme Paris où le peuple est industrieux, actif, et sait tirer parti de tout, le commerce, la vente et le truquage des effets passés de mode ont toujours existé.

Dans son *Livre des Métiers*, Etienne Boileau, au treizième siècle, signale le commerce de la friperie comme un des plus florissants. Il embrassait le commerce des vêtements et étoffes de toute espèce à l'état vieux; c'était un métier vague, incertain, susceptible de fraude; aussi était-il l'objet d'une surveillance spéciale.

Il y avait deux sortes de fripiers : celui qui allait vaguant par la ville, criant « la cote et la chape èstavernes », et le fripier établi ayant pignon sur rue et vendant en « sa meson bones denrées et loiax ».

Les marchés de brocante et de friperie étaient alors dispersés dans Paris : ils se tenaient au *marché des Innocents*, à la place *aux Veaux* et au *chevet de Saint-Séverin*.

Ils furent centralisés au Temple, dans la Rotonde, où passèrent toutes les défroques, tous les débris des vanités et des misères de la capitale.

La Rotonde démolie, un nouveau marché fut construit par l'architecte Molinos. C'était une série de hangars en charpente séparés par des rues.

Les boutiques étaient au nombre de 1888 et n'avaient qu'une superficie de deux mètres.

Le marché du Temple, dès sa création, eut un prodigieux succès. Il était de bon ton d'aller, comme autrefois aux Halles, voir ce capharnaüm, où, pendant plus de cinquante ans, s'entassèrent tous les *décrochez-moi ça* parisiens : vieux, neufs, occasion, demi-castors, coiffures hétéroclites, uniformes du premier empire par la victoire usés, robes qui avaient brillé aux feux de la rampe ou aux bals de la cour, *queues de morue* dessalées par la misère.

Il avait, comme toute association humaine, son aristocratie et sa démocratie, et une sélection s'était organisée entre ces défroques de tant de gens, ces débris et ces épaves de la vie parisienne de toute provenance.

La Rotonde du Temple

Dès le matin, les *chineurs* arrivaient de tous les coins de Paris, apportant ce qu'ils avaient écumé sur l'océan parisien. Et alors s'établissaient les cours de la *pelure* et du *montant* hors du service.

Toutes ces nippes allaient attendre dans une des

boutiques un nouveau maître ou une résurrection nouvelle.

Le marché était divisé en quatre carrés, dont chacun avait sa spécialité de vente et sa hiérarchie commerciale, c'est ce dont font foi les noms assignés par la voix populaire. *Le Palais-Royal* était le Temple du luxe où les lionnes pauvres, les élégantes économes venaient acheter furtivement, à 50 pour 100 de rabais, soieries, dentelles, frivolités, gants, etc., un peu fripés, à peine défraîchis.

Le Pavillon de Flore était le bazar de la ménagère, le carré bourgeois à côté du carré mondain et demi-mondain, où se vendaient matelasserie, literie, robes d'indienne, linge de ménage, etc... Le troisième carré était la patrie des loques sublimes et des chapeaux fantômes, la morgue des bottes dissimulant sous la cire noircie de cruelles blessures. Il s'appelait la *Forêt Noire*, à cause de l'aspect fumé de ses ruelles. Les *rapioteurs, fafioteurs, chineurs, niolleurs*, tous ces industriels en vieux y tenaient boutiques ouvertes, portant chacune un numéro d'ordre et décorées d'enseignes pittoresques : *A la botte d'asperges*; *aux Deux Sous liés*; *à la Violette*; *à la Gueule d'empeigne*. Les râleuses étaient les raccrocheuses, les galifardes; les commissionnaires, les *chineurs*; les ambulants, les *niolleurs*; les marchands de chapeaux, *les fafioteurs*; les savetiers, les *rapioteurs*, les raccommodeurs de frusques.

La misère avait établi son quartier général dans le dernier carré, celui du *Pou volant*, le ramassis de tout ce qui a été jeté à la borne, vieille ferraille, cuivres oxydés, débris qui n'ont de nom en aucune langue.

A côté de la Halle, les chineurs venaient chaque jour apporter la cargaison de vieilles nippes qu'ils avaient recueillies dans leurs courses. C'était une Bourse où s'établissaient les cours des marchandises.

Tel a été jusqu'en 1863, où ce bâtiment a été démoli et remplacé par cette Halle qui a disparu à son tour, le Temple où le monde entier a passé; car un voyage à Paris sous Louis-Philippe n'était pas complet si l'on n'allait pas, après boire, se faire lancer,

par les aimables racoleuses du lieu, ces mères Angot,
fortes en gueule et peu bégueules, des apostrophes
plutôt risquées, des plaisanteries d'une saveur
quelque peu épicée, des sarcasmes d'une distinction
atténuée.

Avec la nouvelle construction, le pittoresque d'autrefois avait disparu. La vieille râleuse d'antan avait
fait place à la demoiselle de boutique, guindée, pin-
cée, obsédante. Puis les affaires ont décliné de jour

L'Enclos du Temple

en jour. En voulant vendre du neuf, le Temple s'est
suicidé.

Seul, le *Carreau*, où le commerce du vieux était toujours en honneur, avait gardé sa cientèle et conservé
un peu du pittoresque d'antan. Le Carreau était aux
combles du marché, au faîte de l'escalier. On payait
un droit d'entrée de cinq centimes et l'on se trouvait
au milieu d'amas de chiffons, d'habits, de chaussures
que les *chineurs* qui sont allés écumer dans tout Paris
viennent vendre au brocanteur.

Le *veston* est le fond de commerce de la friperie
avec le *pardessus*. Il vaut de 10 à 15 francs. Le panta-
lon ne dépasse pas 6 francs. On a un gilet pour 1 fr. 50.
Un chapeau vaut 2 francs.

A côté des chineurs et des brocanteurs, se trouvait

au Carreau le revendeur qui offrait au client des ban-
dages herniaires, des *Vénus de Milo* en plâtre, des
lorgnettes, cuillers, fourchettes, bibelots de tout
genre, etc.

De nombreux acheteurs se pressaient, dans d'innombrables petites allées formées par les chaussures, les
haillons, les loques que les vendeurs étalent sur le
plancher; dans les groupes allaient et venaient les
ch'ands d'habits, offrant leur marchandise et reven-
dant les objets achetés la veille en faisant retentir
dans les rues de Paris ce cri si connu :

— *Arrchand d'habits, habits !... habits !*

Parmi les savates sans talon, les chaussures veuves
de semelles, les souliers éculés, on trouvait d'élégantes
et mignonnes bottines. Au milieu des loques cordi-
formes, des coiffures éventrées et lépreuses, on ren-
contrait des habits à coupe distinguée, des gibus à huit
reflets que le gentilhomme en *dèche*, l'étudiant *fin de
mois*, l'élégante en débine ont « lavés » au *chineur*.
Une odeur de rance, où dominent les émanations des
chiffons et du vieux cuir, vous monte aux narines;
une poussière âcre et nauséabonde vous prend à la
gorge. Le dimanche la foule était énorme.

10.

CHAPITRE XX

LA RUE DU DANTE ET LA RUE GALANDE

UN COIN DE PARIS-TRUAND. — BOUGES ET
LUPANARS. — BOHÈME VAGABONDE. — LE
CHATEAU ROUGE. — LE COLLÈGE DE COR-
NOUAILLES.

Entre les boulevards Saint-Germain et Saint-
Michel, le quai et la place Maubert, la vieille *Maub'*,
est restée debout, pour quelques jours encore, un
étrange quartier, le dernier vestige du Paris des
truands et des *francs-mitous* du moyen âge.

Il en a gardé la physionomie pittoresque et fantasque,
l'aspect sordide et sombre, les rues boueuses et noires
qui serpentent et se mêlent, les pignons taillés en
auvent cintré, les étages en saillie, les maisons aux
portes basses, aux grilles de fer, les hôtels borgnes
où les escarpes font ménage avec les filles, les tapis
francs, bibines et tavernes où bohêmes, souteneurs,
chiffonniers, pierreuses sirotent « le casse-gueule » et
écrasent « le perroquet ».

Il y a encore là un bel écheveau de rues ignobles et
de culs-de-sac infâmes : les rues *Zacharie*, *de la Parcheminerie*, *de la Huchette*, *du Chat-qui-Pesche*, *de
Saint-Julien-le-Pauvre*, *Galande*, *des Anglais*, *des
Prêtres-Saint-Séverin*, etc...

Au-dessus de tous ces bouges où gîtent voleurs et
loqueteux, Saint-Séverin, la vieille église enfumée
par les ans, verniculée par les frimas d'hiver, en-
fouie dans cette gangue infecte, dresse sa haute tour
carrée, d'une architecture élégante et fine, coiffée
de son lanternon d'où tintait, jadis, le couvre-
feu de l'Université.

La pioche municipale vient de jeter bas un des coins les plus antiques et les plus pittoresques de ce quartier. Le percement de la rue Dante, qui va du boulevard Saint-Germain à la rue Galande, a démoli une vingtaine de ces délicieuses masures au chef branlant, au ventre proéminent, coiffées de lucarnes et de pignons arrondis comme des voiles de béguine.

Ce sont les plus vieilles maisons de Paris qui viennent de disparaître; elles nous ont montré leurs titres de propriété, leurs actes de naissance; plusieurs remontent aux croisades avant d'entrer dans le giron du domaine de la Ville, cette antichambre de la mort.

Quelques-unes sont du XIVᵉ et du XVᵉ siècle. Elles ont vu, à travers leurs lucarnes à guillotine, passer dans ces rues bruyantes, qu'agitaient les véhémentes clameurs des écoles qui avaient là leur berceau, *Buridan*, recteur, l'ancien amant de Marguerite de Bourgogne, *Le Dante*, étudiant, qui habitait à côté.

Quatre ou cinq, rue Galande, portent bien le cachet du temps et la marque du siècle : étroites, toutes en hauteur, écartelées de grandes poutres de bois recouvertes de plâtras, encapuchonnées de frontons cintrés. Ce sont : la maison *de la Longue-Alée*, dont les titres de propriété remontent à 1409; la maison de la *Hure-de-Sanglier*, confisquée par les Anglais sur son propriétaire, qui servait sous les ordres de la Pucelle, et l'*hôtel Garancière*, également confisqué sur « noble dame de Garancière, vicomtesse d'Armagnac ».

Depuis longtemps, l'hôtel de Garancière était tombé, de chute en chute, à l'état d'assommoir où les rôdeurs et les sans-gîte, les ivrognes, les goualeurs, les réfractaires allaient à la nuit brune, « se rebomber le torse » d'un verre de vitriol et « roupiller » quelques heures dans un coin, accoudés sur une table, du lourd sommeil sans rêves de l'ivresse, de l'éreintement et de l'abrutissement. C'est le *Château Rouge*, qu'ont abandonné ses clients nocturnes, allant porter ailleurs, dans quelque autre taudis

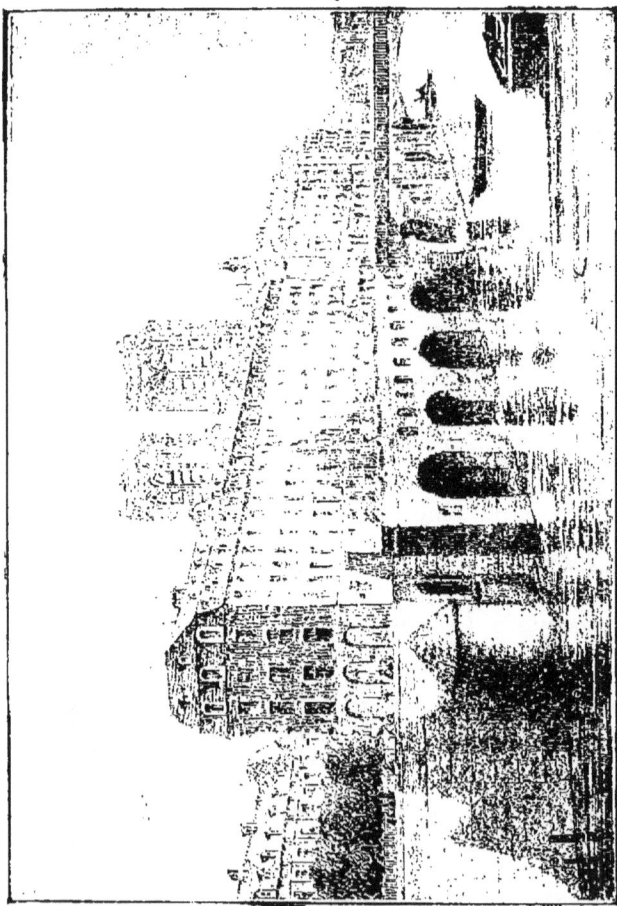

Ancien Hôtel-Dieu

des entours des Halles, leurs guenilles, leurs besaces et leurs dieux.

C'était le port d'attache de toute cette bohème vagabonde de pauvres diables qui, les pieds gonflés, les genoux brisés, frissonnant dans leurs habits usés, vont partout cherchant un gîte : professeurs sans leçons, médecins sans malades, clercs sans études, employés sans place, inventeurs de mouvement perpétuel, négociants faillis.

Il y avait là des types à la Callot hirsutes et sordides, décavés de la vie, grelottant dans un habit noir usé. A 2 heures du matin, il faut partir et la faim au talon, les pieds glacés, aller chercher le long des quais ou autour des Halles quelque travail incertain qui leur permettra d'avaler une soupe chaude ou un verre de casse-poitrine et de conquérir le soir, le gîte où ils pourront reposer leurs membres las et endoloris.

Le percement de la rue Dante va transformer ce coin sordide, ce repaire de sabouleux; et encore est-ce bien sûr? Voyez ces bars rouges des maisons neuves de la rue Lagrange, où *mandigots*, *purotins* et rouleuses vont siroter des alcools poivrés et des absinthes à l'acide sulfurique qui les calcinent et jettent dans leurs cervelles abruties des semences de folie et de meurtre.

La trouée a fait disparaître aussi une vieille maison qui a sa chronique dans l'histoire du vieux Paris. C'était un de ces vieux petits collèges qui ont eu, au moyen âge, une destinée si brillante dans l'Université parisienne. Fondés par de grands personnages de la Cour ou du clergé, ils se distinguaient par une porte haute et monumentale. On pouvait voir encore, il y a peu de temps, rue Domat, celle du collège de *Cornouailles*, qui a été emportée par la rue nouvelle qui va balayant tous ces vestiges du passé et tous ces souvenirs. Ce collège avait été fondé en 1317, par un évêque breton; il n'était pas riche et ne contenait que dix boursiers; il fut agrandi par Jean de Guestry, médecin de Charles VII, qui modifia ses statuts dans un sens

très libéral et, dirions-nous, très moderne. Défense
de parler latin usuellement, pénalité édictée : le
paiement au réfectoire d'une ou plusieurs pintes de
vin.

Malgré cette pédagogie éminemment nationale et
bachique, le collège prospéra peu, il fut englobé dans
la réformation générale de l'Université.

CHAPITRE XXI

L'HOTEL JABACK

VENTE D'UN HOTEL HISTORIQUE. — LES BAN-
QUIERS LOMBARDS. — UN FOURNISSEUR
DES ARMÉES. — LA GALERIE DES TABLEAUX.
— QU'ON OTE CES MAGOTS ! — RUSES DE
MAZARIN. — LES DÉBUTS DE LEKAIN. — LA
BATAILLE DU CLOITRE SAINT-MERRY.

Les *Petites Affiches* ont publié, il y a quelque
temps, l'annonce suivante :

Gde Proplé **HOTEL JABACK** *Rue Saint-Merri*
dite grand 42 C² 1350ᵐ R.
br. 48, 135 *f. M. à p.* × 400.000 *f. Adj* sʳ l *ench. ch.
nol.; le 26 janv. 1904. S'a. à. « Mᵉˢ Sabourel,
Prud homme, Moyne, Robineau et Plocque, 1, rue
d'Hauteville. »

L'hôtel qui a été vendu sur une surenchère
de 100 fr., a eu ses heures de célébrité dans l'histoire de Paris et nous ne pouvons le voir disparaître sans le saluer une dernière fois : *Ave
Moriturum* !

Il a été la demeure princière d'un homme à qui
la France doit les plus beaux tableaux qui ornent le
Louvre : *L'Antiope* (du Corrège), *Saint-Jean* (de Léo-
nard de Vinci); *Le Christ au Tombeau, La Maitresse
du Titien* (du Titien); *Les hauts faits d'Hercule* (du
Guide), *Concert champêtre* (du Gorgione), *Le Portrait
d'Erasme* (de Holbein), *La Nativité, Le Triomphe de
Titus* et *Vespasien* (de J. Romain), *Suzanne
Esther, Eliézer* et *Rébecca, Judith* et *Holopherne* (de
Paul Véronèse), *Le Ravissement de Saint Paul* (du
Poussin), *Sainte Cécile* (du Dominiquin), de Jaback,

qui se ruina dans cette opération, où il fut roulé par Mazarin.

Il avait acquis la galerie de Charles 1er, roi d'Angleterre, qui avait acheté sa magnifique collection aux ducs de Mantoue et que le Parlement fit vendre aux enchères après son exécution.

L'hôtel s'élève au coin des rues du Temple et Saint-Merry, laquelle s'appelait encore, il y a quelques années, rue *Neuve-Saint-Merry* (bien qu'elle ait été bâtie avant Philippe-Auguste), comme le Pont-Neuf, qui est le plus vieux de Paris.

Guillot, dans son *Dict. des Rues de Paris*, qui date de 1290, la cite :

> Et une rue de renom,
> que rue Neuve Saint-Merry a nom.

C'est vers cette époque que les banquiers lombards vinrent installer leurs comptoirs et leurs balances de prêteurs sur gages dans les entours de Saint-Jacques-la-Boucherie et Saint-Merry. Sous Louis IX, nous voyons déjà dans cette rue Neuve-Saint-Merry : *Gandoulfe de Lucques, Rolland de Venise*, etc... Les Lombards de ces villes étaient pour ainsi dire groupés autour de l'église Saint-Merry. Ils avaient de nombreux comptoirs en Orient, aux Echelles du Levant, d'où ils tiraient des étoffes précieuses, des brocards d'or et d'argent, des épices.

Un des premiers habitants de la maison qui, transformée et agrandie, devint plus tard l'hôtel Jaback, fut Jean Gobelin, le jeune, un des descendants de « Jean Gosbelin le Viel », qui vint importer de Venise, d'où il était originaire, le secret des teintures et de la fabrication des tapisseries que les Vénitiens avaient appris dans leurs relations de commerce avec l'Inde et la Perse. Ce Gosbelin s'établit au bord de la Bièvre, vers le milieu du xiiie siècle, « où, dit maître Rabelais, *il tainct l'escarlate* ». Un banquier de Cologne, d'humeur aventureuse, Evrad Jabach, vint s'installer à Paris, appelé par Colbert, se fit naturaliser,

ainsi que sa femme. dame Anne-Marie de Groote, et
acheta, en 1659, « la maison sise rue Neuve-Saint-
Médéric et quatre autres adjacentes ». Jaback fit
démolir ces masures et fit élever un véritable palais.

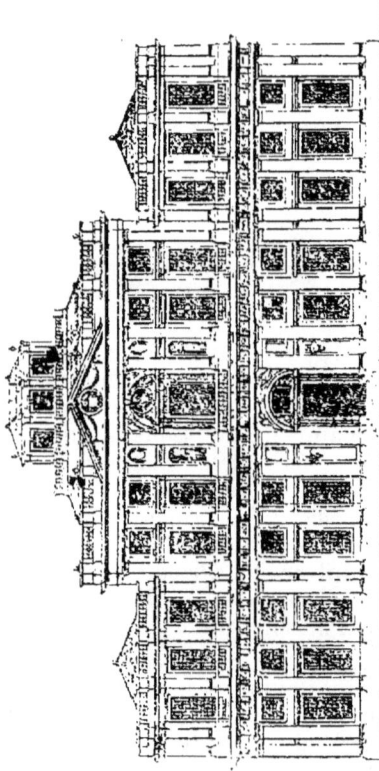

Hôtel Jaback (d'après Marot)

« Tous les plus habiles architectes, dit Germain
Brice, ont donné des dessins. Cependant, Bullet, re
nommé dans la profession, a plus fait que tous ceux
qui y ont été employez. L'étendue de cette maison
est peu considérable et le jardin qui est derrière est
fort serré ; mais les appartements sont assez bien dis-

posés, quoique, d'ailleurs, ils ne soient pas fort clairs
ni fort gais. Les dedans ont été raccomodez et mis à
la mode depuis quelques années, sous la conduite
de Dulin ; et l'appartement bas est à présent embelli
d'une manière plus gracieuse qu'il n'était auparavant, quoiqu'on y eût déjà fait bien de la dépense en
dorure et en d'autres enrichissements. On trouve
l'élévation des façades et les principales coupes de
cette maison dans le recueil que Marot a fait des plus
beaux édifices de cette ville. »

Jaback établit dans son hôtel un dépôt de buffle-
teries pour la cavalerie. Sa manufacture était à Cor-
beil ; il obtint de Colbert un privilège exclusif. Il four-
nissait tous les régiments de cavalerie de culottes,
grenadières, pulvérins, gibecières, baudriers, etc...

Il faisait en même temps la banque ; ses relations
commerciales s'étendaient dans tout le nord-est de
l'Europe ; il négociait des affaires considérables avec
l'Allemagne, la Pologne, la Hongrie, la Turquie.

Mais, en même temps que banquier habile et auda-
cieux, Jaback était un collectionneur éminent. Les
énormes bénéfices de sa banque lui permettaient
d'acheter dans tous ces pays où il avait des corres-
pondants sûrs et avisés, les gravures rares, les tableaux de maîtres.

Mazarin, cet Italien si fin connaisseur des choses
d'art, mais peu prodigue, ne pouvait manquer d'uti-
liser les connaissances et les relations de Jaback.

Après l'exécution de Charles Ier d'Angleterre, il le
chargea d'aller acheter sa galerie, que le Parlement
faisait vendre aux enchères. Là s'étaient donné
rendez-vous les plus riches amateurs. Louis XIV y
vint en personne et indiqua les toiles dont il désirait
que l'acquisition fut faite en son nom. Parmi celles
qui lui furent montrées figuraient des tableaux de
Téniers et autres peintres hollandais ou flamands.

Devant ces tableaux contraires à son esthétique
pompeuse, solennelle et majestueuse, le Roy Soleil prononça son mot fameux : « Otez de ma vue ces horribles magots ! »

Les tableaux, célèbres dans toute l'Europe, furent

disputés à prix d'or: Jaback acquit les plus précieux, ainsi que les dessins les plus rares. Ces œuvres, qui sont un des plus beaux joyaux du Louvre et en forment le noyau, sont aujourd'hui d'un prix inestimable. Jaback les avait payés fort cher pour le temps.

Son hôtel fut converti en un musée qui acquit une réputation universelle. C'était le rendez-vous de tous les étrangers de distinction.

Pendant dix-sept ans, l'hôtel Jaback brilla d'un éclat incomparable.

Il achetait de toutes parts, guidé par un goût très sûr. Il chargea *Mignard, J. Bologne, Van der Meulen, Lebrun, Rigaud, Largillière* de travaux considérables. Mais il était surtout ardent collectionneur de dessins et d'estampes, dont il avait des milliers. Cette insatiable ardeur eut le résultat qui était à prévoir. Jaback fut bientôt harcelé par ses créanciers; il dut faire ce sacrifice si cruel à un collectionneur : vendre ses œuvres d'art et délester le navire pour le maintenir à flot. Il se trouva placé « entre l'enclume et le marteau ». Mazarin, le rusé renard, veillait, attendait le moment psychologique. Il entra en pourparlers avec Jaback, qui dut en passer par où voulut le monsignore brocanteur.

Il vendit sa galerie, ses 101 tableaux, ses 5.542 dessins, pour la somme ridicule de 220.000 francs. Précédemment, il avait vendu ses Corrège au cardinal, qui puisait à sa guise dans ses collections. Le cabinet du Roi, premier fonds de notre musée national, s'enrichit de ses magnifiques dépouilles. Nos plus splendides Van Dyck, nos Holbein, plusieurs de nos Titien les plus superbes, le *Concert* du Giorgione, la *Sainte Catherine* de Raphaël nous viennent de Jaback, à qui la France doit être reconnaissante.

Jaback avait conservé un certain nombre d'œuvres de maîtres dont il augmenta la collection, car, malgré la large saignée faite, son musée était encore célèbre. Il mourut en 1695.

Au commencement du XVIIIᵉ siècle, une de ses héritières, Marie-Anne Jaback, veuve de M. Fourment, vendit l'hôtel à M. Rossigneau-Montoire, qui le

sous-loua à divers locataires. L'un d'eux, un industriel sagace, y installa un théâtre où se tenaient *des
assemblées* : on appelait ainsi des fêtes de nuit où
l'on jouait, dansait et flirtait au plus juste prix.
Lekain fit même ses débuts sur ce théâtre, que
l'Opéra, à qui il portait ombrage, fit fermer. Dans une
des dépendances, l'Académie de Saint-Luc y expo-
sait et y vendait des tableaux racolés de tous côtés et
qui s'appelaient des *Jaback*.

Plus tard, après la déconfiture du théâtre et de ses
annexes artistiques et galantes, un commerçant y établit un magasin de toiles peintes et imprimées, dites
toiles d'Orange, qui détrônèrent les tentures en ta-
pisserie et en cuir de Cordoue et eurent une vogue
immense. Elles imitaient les plus belles toiles de
l'Inde; il y en avait qui coûtaient jusqu'à 32 livres
l'aune.

Sous l'Empire, l'hôtel devint maison de banque.
Vers le commencement de la Restauration, Rou-
gevin, Néron et Mérat s'en rendirent acquéreurs; ils
le transformèrent en passage.

Pendant l'insurrection de 1832, il servit de citadelle aux insurgés du Cloître Saint-Merry. Il fallut
trois jours, du canon et dix mille hommes pour venir
à bout de quatre-vingt-deux fous héroïques qui
luttèrent en désespérés.

Que va devenir le vieil hôtel, déjà bien dégra-
dé? C'est maintenant une sorte de cité, un
groupe industriel où foisonne l'article de Paris.
Un avant-corps percé d'une porte cochère, accos-
tée de deux pilastres accouplés, s'ouvre sur la
rue Saint-Merri; au bout, une grande cour carrée,
bordée de bâtiments aux trumeaux lézardés, récré-
pis de plâtre et badigeonnés à la chaux, aux ban-
deaux disjoints, mais dont le style architectural, les
pilastres d'encadrement et les superbes ferrures in-
diquent que c'était le domicile d'un personnage de
qualité.

Les modifications qu'y ont apportées les pro-
priétaires de la Restauration ont altéré la physionomie du vieil hôtel, dont nous donnons la gravure

d'après Marot, mais, toutefois, sans en modifier sensiblement l'ensemble.

Les hôtels, comme les hommes, ont aussi leurs destins.

CHAPITRE XXII

L'HOTEL DE SAVOISY

UN MINISTRE DE CHARLES V. — SAINTE CATHE-
RINE DU VAL DES ÉCOLIERS. — QUERELLE
AVEC L'UNIVERSITÉ. — MISE EN INTERDIT.
— DÉMOLITION EN MUSIQUE. — SÉJOUR
DE LORRAINE.

En faisant quelques travaux de reconstruction
dans les bâtiments situés dans l'arrière-cour d'une
maison, rue Pavée, 11, on a mis à jour des poutres
sculptées qui remontent au 16e siècle.

Les pièces de charpentes découvertes faisaient
partie d'une construction plus ancienne que le
reste de l'immeuble. Au moment de la transformation qui eut lieu vraisemblablement à la
fin du 17e siècle, des bâtisses qui bordent la
rue Pavée, les bâtiments situés dans la cour furent
tant bien que mal rajeunis, et un certain nombre
de pièces en bois furent laissées en place, recouvertes
d'un enduit de plâtre assez épais. On ne prit donc
pas la peine d'abattre les petits marmousets — si
ridicules aux yeux des gens affinés du grand siècle —;
et nous avons pu les retrouver, sauvés mais aussi un
peu pourris par le plâtre qui les cachait. Quelques-
uns avaient tout juste la consistance de l'amadou;
d'autres s'étaient mieux défendus.

La première découverte date des premiers jours
de février. On démolissait la bâtisse située perpendi-
culairement à la rue Pavée et à gauche dans la
cour du colombage en fort mauvais état, avec des
remplissages de moellons et de gravats, mais aussi
de briques, de vieilles petites briques plates et rouges.
En épluchant les bois à grands coups de pioche,

11.

on mit au jour d'intéressants vestiges : trois gros
poteaux de chêne cylindriques surmontés de chapiteaux octogones, plus une grande sablière mou-

Jambages d'une fenêtre de l'Hôtel de Savoisy

lurée et solidement fixée sur les poteaux par des
languettes chevillées ; enfin deux jambages de fenêtre
en place, ajustés à mortaise dans la sablière. Chaque
poteau était accompagné de deux liens très robustes

dont la partie inférieure avait été ornée d'un petit corbeau (il subsistait seulement quelques restes de deux de ces sculptures).

Le profil externe de ces liens était courbe, en sorte que la rangée des poteaux paraissait les arcades d'une galerie. Une figurine ou une scène en assez haut relief était sculptée sur l'abaque de chaque colonne. Une seule de ces sculptures subsistait et représentait un homme barbu. Les jambages des fenêtres, ornés chacun d'une colonnette polygonale, avec deux marmousets et des pinacles rudimentaires, montraient leur moulure en bon état, et les coupes biaises où avaient dû s'ajuster les bois formant croisées.

Le bâtiment situé dans le fond de la cour parallèlement à la rue Pavée, par conséquent à angle droit avec celui dont nous venons de nous occuper, recèle encore dans l'épaisseur du mur du rez-de-chaussée trois poteaux semblables à ceux qui ont été mis à jour; le poteau placé à l'intersection des deux corps de bâtiments était orné de la petite figure de fou, qui était placé en corbeau sous un des liens. Cette partie de l'immeuble, conservée dans les modifications actuelles, a été surélevée d'un étage, on en a tiré deux potelets formant meneaux, et la petite pièce de bois de la croisée assemblée avec ces meneaux; ces trois pièces très bien conservées, admirablement assemblées et chevillées, et ornées de sculptures d'un bon style.

Les dimensions de ces meneaux concordent avec celles des jambages signalés déjà, les coupes biaises sont les mêmes et les colonnettes analogues. L'une d'elles porte sur son fût un semis de fleurs de lys d'un dessin très pur et remarquablement coupées dans le bois. Trois marmousets sont presque intacts. L'un d'eux représente un bon bourgeois ou un artisan coiffé d'un chapeau; le deuxième un ange joufflu portant un écusson; le troisième personnage, au chef orné d'une couronne à pointes, tient un phylactère; il a le type israélite très prononcé; c'est peut-être David ou Salomon. Ces intéressants fragments ont été trouvés un mois après les autres découvertes.

On peut penser que ce sont là les restes d'une forte construction élégante et fort soignée dans les détails datant des premières années du xvie siècle, d'une de ces maisons en «pans de bois» qui ont été si nombreuses à Paris et dont il reste si peu de spécimens. Le vieux poteau-cornier de la rue des Pêcheurs, que nous avons tous connu, attestait la solidité de ce genre de bâtisses. C'était des chefs-d'œuvre, tout simplement; or, les charpentiers sont les ouvriers qui ont le mieux conservé le respect et la tradition du beau travail, et les charpentiers contemporains, quand ils ont l'occasion de regarder de près une maison en pan de bois (c'est généralement pour la démolir) sont stupéfaits d'admiration.

La maison de la rue Pavée était de celles qu'a décrites Viollet-le-Duc, si gracieusement construites et si étroitement ajustées et assemblées dans toutes leurs pièces qu'on pourrait les enlever par le toit, comme on ferait d'une cage posée sur le sol.

Elle était construite en chêne. Les briques des remplissages y étaient posées non pas en assises horizontales, mais obliques, en point de Hongrie ou en «feuille de fougère». Nous pouvons juger de la coquetterie de ce logis seigneurial, de la forme de ses fenêtres du premier étage, de la disposition de son rez-de-chaussée par les fragments qui sont venus jusqu'à nous, et regretter amèrement la perte de tout le reste.

Cette maison avait été bâtie sur l'emplacement d'un ancien hôtel Savoisy — peut-être ces poutres sculptées proviennent-elles de l'ancien hôtel — qui est célèbre dans l'histoire de Paris. Il avait été démoli le 22 juillet 1404 par arrêt du Parlement. Sa construction remontait au commencement du xive siècle.

Il avait été bâti par Pierre Savoisy, issu d'une vieille famille parisienne. Son fils Philippe fut un des sages ministres de Charles V ayant su résister aux menaces du duc d'Anjou, qui avait fait venir le bourreau et les instruments de torture pour lui faire déclarer où étaient cachés les lingots d'or du trésor royal.

Dès la fin du xiiie siècle, l'extension de Paris au

nord, l'accroissement de ses faubourgs, firent envahir la muraille, cette armure que Philippe-Auguste donna à sa capitale quand il partit pour la troisième croisade. Elle était prise d'assaut, du côté de la campagne et du côté de la ville, par les maisons, les jardins que louaient à cens les seigneurs qui avaient bâti des hôtels près de la maison royale, l'hôtel Saint-Paul, et qui utilisaient les tours comme belvédères, colombiers, les courtines comme terrasses et tonnelles d'où ils avaient des vues magnifiques sur la campagne.

La rue Pavée s'appelait d'abord rue du *Petit Marivaux* (1), c'était comme son nom l'indique, une chaussée qui conduisait aux vastes cultures maraîchères, les *coutures* de Sainte-Catherine, du Val-des Escholiers. Elle longeait les murs de « l'ostel du Roy de Sicile ».

L'hôtel fort vaste occupait tout l'îlot circonscrit, au sud par la rue du Roi-de-Sicile, à l'est par la rue Pavée, à l'ouest par la rue des Juifs, au nord par la muraille de Philippe-Auguste. « Il pouvait, dit la chronique du *Religieux de Saint-Denis*, par la beauté de son architecture et sa grandeur, par son merveilleux entablement de pierre, rivaliser avec les maisons royales ».

Le fils aîné, Louis de Savoisy, seigneur de Seignelay eut auprès de Charles VI la même faveur que son père avait eue auprès de Charles V.

Lors de l'entrée solennelle d'Isabeau de Bavière, à Paris, le roi, monté en croupe derrière son favori, Savoisy, se lança au plus épais de la foule sans souci des sergents « qui frappaient de costé et d'autre de leurs boulayes (2) bien fort. »

Savoisy avait fait sur mer des expéditions heureuses contre les Anglais, à l'île de Wight ; il avait autour de lui une maison toute militaire, des serviteurs insolents, des pages indisciplinés et turbulents. « Le dit chevalier, dit la chronique du *Religieux de Saint-Denis*, est garni de mauvaises gens, bateurs et criminels. Ils avaient déjà, en 1403, frappé et

(1) Petits marais.
(2) Bâtons de bouleau.

Sainte Catherine du Val des Écoliers

battu de Morgueval, procureur du Roy, en son
hostel par les rains, les jambes et les plantes des
piedz de gros bastons (1) ».

Un jour de juillet 1404, les clercs de l'Université
allaient à Sainte-Catherine du Val-des-Escholiers
deux à deux en procession pour y faire célébrer une
messe pour l' « extirpation de l'hérésie ». Ils passaient
rue du Roi de Sicile, longeant l'hôtel de Savoisy,
lorsqu'ils rencontrèrent les pages de ce seigneur
qui menaient boire les chevaux et s'amusèrent
à « escarbotter (2) » les clercs. Un des escholiers donna
un coup de poing à travers le visage d'un valet
qui appela au secours. Quelques pages dégaînèrent
et tombèrent l'épée sur les escholiers pendant que
d'autres étaient rentrés au manoir chercher du renfort et des armes. Les escholiers poursuivis se
réfugièrent au moustier de Sainte-Catherine. Une
flèche vint même se ficher dans le maître-autel,
derrière lequel le prêtre célébrant dut « se muscher ».

Abominable sacrilège ! L'Université porta plainte
au Roi, et sans attendre qu'il fut statué sur ses récla-
mations, elle ordonna que, sur le champ, les classes
fussent fermées et que les prédications cessassent dans
tout Paris.

Cette mise en interdit, cette excommunication
scolastique eut un prompt effet. Le Parlement qui,
ainsi que le Roi, tremblait devant la terrible férule
universitaire, arrêta, qu'avant jugement, Savoisy
aurait la Ville pour prison, et qu'il n'en pourrait
sortir sous peine de confiscation de ses biens.

Savoisy eut beau demander pardon à l'Université,
et déclarer « qu'il était prêt à livrer le coupable de sa
propre main (3) ». Il était un des serviteurs du duc
d'Orléans, cela suffit pour que l'Université, qui
était du parti du duc de Bourgogne, le traitât avec

---

(1) Conseil XII. N, de Baye.

(2) Eclabousser.

(3) Savoisy fut défendu par Me *Guillaume Cousinot* « hono-
norable avocat du Parlement »; qui fut depuis chancelier du
duc d'Orléans.

la dernière férocité. Ce peuple de docteurs fanatiques, orgueilleux jusqu'au délire, fut implacable.

Comme Savoisy avait avoué ses valets en les excusant, elle poursuivit l'injure avec la dernière âpreté.

Le Conseil du roi dut évoquer l'affaire sur le réquisitoire de Gerson, *l'auteur de l'Imitation de Jésus-Christ*, qui porta la parole au Parlement, « cette cour très honorable, où repose sans muer et défaillir la royale autorité ».

Ce fut un frère mineur, *Jacques des Bœufs*, qui soutint, au nom de l'Université, l'accusation devant le Conseil du roi.

Son discours, d'une violence inouïe, est un monument du mauvais goût et de la déclamation burlesque qui caractérisaient à cette époque l'éloquence judiciaire et sacrée.

Le thème était un texte — tronqué d'ailleurs — de l'évangile selon Saint Marc : *Deprecabuntur eum ut imponent ei manum.*

Le moine cite d'innombrables versets de l'Ecriture, rappelle que dans l'antiquité à Troie les temples d'Hercule et de Vénus furent violés, que saint Thomas de Cantorbéry fut tué au pied des autels, que Savoisy, « *homme de Madian,* avait en poursuivant d'innocents (?) clercs de la sainte Eglise, violé le Temple Sacré de Jésus Christ. »

L'arrêt fut prononcé à l'hôtel Saint-Paul, « le roy y séant avec toute personnes de son sang (1) » il prononça « que la maison de Savoisy serait démolie, qu'il fournirait le fond de cent livres de rente perpétuelle pour fonder cinq chapelles « au profit de l'Université », qu'il paierait mille livres de dommages-intérêts aux blessés et mille livres à l'Université. Des peines corporelles furent prononcées contre trois de ses valets, Ferran Discal, Gillequin Lequeux et Gérard l'Autrusier, qui furent condamnés à être bannis après avoir été fouettés par la main du bourreau au carrefour Baudoyer et fait amende honorable, « nuds, en chemise, torche en main ». Quand

---

(1) Registres du Parlement « *Olim* ».

au sire de Savoisy, *Juvénal des Ursins* assure qu'il n'échappa à cette condamnation infamante qu'à cause de sa qualité de clerc. Il fut banni.

L'exécution de l'arrêt, *dit Félibien*, fut poursuivie si vivement, tant la rancune de l'orgueilleuse et despotique Université était profonde, que le roi ne put sauver, et ce en payant, de l'hôtel qui était l'un des plus beaux du temps, et qui fut démoli par les charpentiers du roi à ras de terre, au son des trompettes et des fanfares qui proclamaient la victoire de la Scolastique (1), que les galeries peintes à fresques bâties contre les murailles de la ville (2).

« En 1405, l'illustre chevalier Monseigneur de Savoisy, voulant effacer la honte du traitement que lui avait infligé l'Université, dit *le Laboureur*, alla guerroyer victorieusement contre les Sarrazins. »

De retour en France, il demanda l'autorisation de réédifier et restaurer son hôtel. Le procureur de l'Université consentit l'entériment des lettres royales, mais l'Université, sous la pression de ses clercs, s'y opposa, implacable, et pendant cent douze ans, le terrain où l'hôtel du favori du roi s'était élevé, orgueilleux et superbe, devint un vrai réceptacle d'immondices, un lieu maudit et sinistre.

Ce n'est qu'au bout de ce temps, que la vengeance de l'Université fut satisfaite, et son animosité adoucie Encore exigea-t-elle qu'une inscription placée au-dessus de la porte fût chargée de rappeler cet événement.

Cette maison de Savoisy, en l'an 1404, fut démolie et abattue par arrêt pour certains forfaits et excès commis par Messire de Savoisy Charles, chevalier, pour lors seigneur et propriétaire d'icelle maison et de ses serviteurs à aucuns suppots et escholiers de l'Université de Paris, qui a demeuré démolie et abattue l'espace de

---

(1) *Cum lituis et instrumentis musicis* « *Le Religieux* ».

(2) Chose curieuse : ce fut l'ancêtre de ceui qui plus tard devait acquérir l'immeuble : *A. des Marez*, changeur de Paris, qui avança à Savoisy « 15 mil francs et mil et V francs pour faire l'usiéte ».

cent douze ans jusqu'à ce que la dite Université de grace espéciale et pour certaines causes a permis la réédification d'icelle en l'an 1517.

Savoisy, qui paraît avoir suivi les fluctuations de ses intérêts fut accusé en 1411 par le jeune duc d'Orléans d' « estre coupable de la mort de son père » et

Un Marmouset

être un des traîtres qui entourent le roi au lendemain de la répression de l'insurrection cabochienne. Savoisy « intime ami du duc de Bourgogne (1) » s'enfuit de Paris.

Il fut tué en 1415 à Azincourt, avec l'élite de la noblesse française.

L'Hôtel fut rebâti en 1517 par le trésorier des guerres, *Morlet de Museau*, Conseiller du Roi.

Les Savari l'occupèrent ensuite, c'est là où le duc de Norfolk, ambassadeur d'Angleterre, fut logé pendant le séjour qu'il fit à Paris en 1533.

----

(1) *Juvénal des Ursins.*

L'amiral Chabot, à son retour de captivité, vint l'habiter; poursuivi devant une commission présidée par le chancelier Poyet, il est condamné à une forte amende, qu'il ne put acquitter. L'hôtel avait, en conséquence, fait retour au roi qui permit à l'amiral de venir y mourir et le donna à sa veuve, Françoise de Longwy, qui le vend au sieur de Bellanisse, trésorier de l'*Extraordinaire des guerres*, des mains duquel il repassa dans celles de Charles III, duc de Lorraine, Nicole, femme de Charles III, le fit restaurer, rebâtir et mettre dans l'état où nous le voyons aujourd'hui. Elle y fixa sa demeure et y mourut en 1657 dans le deuil et les larmes, après avoir été abandonnée de son mari et dépouillée du duché qu'elle lui avait apporté en mariage.

Les héritiers de la duchesse de Lorraine vendirent l'hôtel à Dauvet, président au Parlement. A la mort de celui-ci, une transaction eut lieu entre les héritiers : Anne-Diane Dauvet, sa fille, mineure, épouse d'Adolphe-Charles de Ramilly, de la Chesnelaye et le marquis d'Herbouville, son gendre, guidon des gendarmes.

L'hôtel fut partagé. François Dauvet, comte des Marets, grand Fauconnier de France, devint propriétaire de la partie située au coin de la rue du Roi de Sicile. Il décéda en 1748, laissant une succession très obérée.

Nous trouvons dans les origines de propriété qu'a bien voulu nous communiquer M. Texier, propriétaire actuel, les renseignements suivants :

« La liquidation fut longue et ce ne fut que le 3 prairial an III que ses biens furent vendus à la requête de l'union des créanciers et après contrat intervenu entre ceux-ci et les héritiers bénéficiaires, les *Letellier de Grancourt*, *Letellier de Bisseul*, *Letellier de Louvois*, *Chamant de Montaiguillon*, lesquels avaient renoncé à la succession. »

L'affiche porte :

Une grande maison, ci-devant appelée l'hôtel Desmarets, sise à Paris, rue Pavée, section des Droits de l'Homme, consistant en une porte cochère, plusieurs corps de logis, un jardin, grande cour, au bout de laquelle est une porte de sortie, sur la rue des Droits de l'Homme, les grands corps de logis faisant face sur la rue Pavée, corps de logis en aile à gauche en entrant dans la cour, comprenant cuisines, offices, etc... (1)

Lequel hôtel appartenait audit Daniel Desmarets, suivant un acte en forme de transaction contenant le partage des biens de la succession d'Anne-Diane Dauvet, mineure, à son décès épouse d'Adolphe-Charles de Ramilly de la Chenelaye.

Le 27 thermidor an III (14 août 1795) a eu lieu l'adjudication : ont comparu : *J.-B Migon*, entrepreneur, rue des Juifs, 21; *Grandin*, Md Pelletier, faubourg Saint-Martin, 96; *Louis Derez*, rue Cloche-Perce; 1, *Ed. Ramel*, négociant, rue Merry;*Jacques Heuvrard*, 15, rue du Bacq et *Simon Lefèvre*, Notaire, rue Merry, lequel, dernier enchérisseur, a été déclaré adjudicataire au prix « de 665 *mille cent livres*, payés en assignats ayant cours de monnaye ».

......Le 16 messidor, an V (4 juillet 1977), Simon-Lefèvre revendit l'immeuble « appelé ci-devant Grand et Petit Hôtel Desmarets » au citoyen François Des Clozeaux, moyennant la somme de 30,000 *livres* « payable en numéraire métallique ».

---

(1) Les plans de *Jouvin de Rochefort*, 1676, de *Nicolas de Fer*, 1692, le portent encore comme hôtel de Lorraine, avec jardin, rue du Roi-de-Sicile.

CHAPITRE XXIII

LE PERCEMENT DE LA RUE REAUMUR

« SUNT LACRYMÆ RERUM ». — L'ABSIDE ET
LA TOUR SAINT-MARTIN. — LA COUR DES
MIRACLES. — COTILLON III. — LA RUE DU
FOUR. — LA CROIX ROUGE. — LA RUE
TRANSNONNAIN. — LE THÉATRE DOYEN. —
LES MORELLES.

Paris est dans un rajeunissement perpétuel; sans
cesse le Paris nouveau chasse la vieille cité qui s'é-
miette et disparaît. « Après plusieurs années d'absence,
a écrit le général Tcheng-Ki-Tong, ce fils du fleuve
Jaune qui s'est si vite parisianisé, revenez dans n'im-
porte quelle ville du monde, vous la retrouverez telle
que vous l'avez laissée, quel que soit, d'ailleurs, le
nombre de ses maisons neuves. Paris seul échappe
à cette loi de l'impassibilité. C'est la cité idéale du
transformisme. Darwin aurait dû naître parisien. »
Le vers charmant de Virgile : *Sunt lacrymae rerum*
semble avoir été écrit pour Paris; à chaque hiver,
la pioche municipale éventre un quartier qui, depuis
des siècles, a eu sa physionomie propre, sa vie, son
histoire, jette bas un de ces vieux logis à chacun
desquels s'accroche une parcelle du passé disparu.

De tous côtés, dans Paris, s'ouvrent béantes, de
larges tranchées au cœur de ces vieilles maisons
où ont vécu nos pères, laissant voir, le long des
murailles, comme des bandes funèbres, les noires
zébrures de suie des cheminées et les vieux lambeaux
de papiers peints qui pendent lamentablement.

Dans ce démantèlement des vieux quartiers,
cherchons, au milieu des coups sourds des pics qui
ouvrent à tous la conscience des vieux murs, quels

souvenirs s'y attachent, quels hommes y ont vécu,
y ont souffert, y sont morts.

Les rues qu'a emportées la trajectoire de la rue
Réaumur, ne sont déjà presque qu'un souvenir confus.

Louis XVI au Temple

Elle a mis à découvert l'abside et la tour de Saint-Martin
des Champs, en jetant à bas des échopes et des masures ignobles qui avaient poussé à leur ombre, comme
au pied des grands chênes toute une végétation de
champignons et de moisissures. La trouée a permis
d'admirer ces deux spécimens du plus pur style
roman.

Ancienne Chapelle des Carmélites

La rue franchit ensuite le boulevard et la rue Saint-Denis, tout près du couvent des Filles-Dieu où les condamnés à mort en marche vers le gibet de Mont-faucon se reposaient un instant et recevaient des religieuses un pain et un verre de vin qui leur donnaient des forces le long de la voie douloureuse qui escaladait le Golgotha sinistre. Elle a démoli tout le côté pair de la rue Thévenot où demeurait Joséphine de la Pagerie, alors qu'elle n'était encore que Mme de Beauharnais, et où elle mit au monde Eugène, qui devint vice-roi d'Italie.

Sur cet emplacement, au moyen âge, grouillait dans d'infectes tanières toute la horde sauvage des francs-mitous et des ribaudes de la Cour des Miracles. La Reynie dut faire le siège de ce dédale de taudis immondes que Victor Hugo compare « à un écheveau de fil brouillé par un chat ». Dans les maisons qui furent bâties sur les ruines du palais du Grand-Coesre, Jeanne Vaubernier attendait les perles de la couronne de comtesse Dubarry, et Hébert, le procureur de la Commune, rédigeait le *Père Duchesne*.

Plus loin, aux maisons démolies s'attache le souvenir de l'amiral Tourville, de J.-B. Poquelin, père de Molière, de Pierre Corneille, de Ducis, de Mme Vigée-Lebrun, qui y donna ce bal renouvelé des Grecs où Garat, sur une lyre aux cordes d'or, chanta des odes de Pindare en l'honneur des belles convives qui buvaient du falerne dans des coupes d'airain.

Depuis des temps lointains, on clamait contre l'étroitesse de la rue du Four Saint-Germain; l'édilité parisienne s'est enfin décidée à la faire élargir, et tout le côté droit de la rue est en pleine démolition.

Avant qu'il n'en reste plus rien, glanons quelques souvenirs, dans ces vieux logis parisiens, qui ont vu se dérouler devant eux tant d'événements.

Cette voie si étroite était jadis « la Chaussée du Roy », ainsi qu'on peut le voir dans une antique charte de 1348; c'était en effet la route royale, remplaçant l'antique voie romaine conduisant de la Cité à Issy, Meudon et Versailles.

La rue, quand le Bourg-Saint-Germain s'agrandit
aux entours de la riche abbaye, prit d'une enseigne

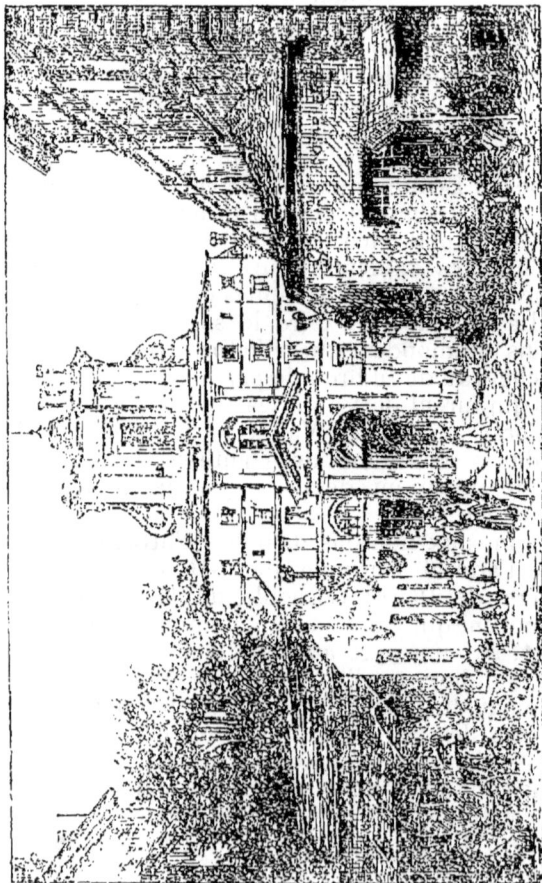

La Chapelle du Prieuré Saint-Martin

de rôtisserie le nom de *Blanche Oë*. Elle aboutissait
à ce carrefour où, au moyen-âge, était adossée au
mur de l'abbaye une vieille statue d'Isis, l'antique
patronne de Paris, la *Bonne Déesse*, que les nautes

parisiens portaient à la proue de leurs barques comme les capitaines bretons décorent aujourd'hui de madones saintes l'avant de leurs bateaux. Cette vieille statue avait été déterrée au Pré aux Clercs et érigée le long de la voie.

Pendant longtemps, la statue fut un lieu de pélerinage, tant il est vrai que, malgré les terribles coups portés par Théodose et Clovis au paganisme, cette poétique et charmante religion avait laissé en nos ancêtres gallo-romains une trace profonde et conservé sur les mœurs et les traditions une indéniable puissance.

Briçonnet, évêque de Meaux et abbé de Saint-Germain, qui avait senti le roussi à l'aube de la Réforme, flaira là quelque diablerie; la pauvre vieille Isis lui parut suspecte. « Quoique décharnée, dit Corrozet, et enfumée de vieillesse », comme elle était « presque nue, à la réserve de quelques draperies, en peu d'endroits », elle lui sembla bien peu décente pour une Vierge; il y flaira la païenne, la réprouvée, et il la fit briser en grand public, à la grande désolation du populaire. Et à sa place, il fit ériger en signe de colère et de purification, une haute croix peinte en rouge. C'est devant ce crucifix sanglant, devant cette *Croix Rouge*, que le seigneur abbé faisait procéder aux pendaisons et décollations. Aussi le petit peuple ne passait-il jamais devant elle sans « humblement se signer ».

C'est dans cette rue qu'était le four banal de l'abbaye, d'où son nom. Une des maisons démolies a été bâtie sur l'emplacement et avec les pierres de l'hôtel de Navarre, où habita longtemps Charles le Mauvais. Le surintendant Semblançay l'acheta; confisqué, il devint la résidence de la fille du duc de Guise, créée duchesse de Montpensier. C'est là que, au début de la Ligue, se réunissant les *Guisards*, d'où vient le nom de la rue voisine, rue Guisarde.

L'hôtel fut morcelé au commencement du dix-huitième siècle; il en resta de beaux appartements qu'habitèrent le doux poète du Belloy, qui y mourut d'une maladie de langueur, et l'impétueuse et charmante

tragédienne, la Clairon, qui y mena grand train avant
d'aller mourir, vieillie et délaissée, dans un triste
petit logement de la rue de Lille, aux murs nus,
aux meubles rares.

Au coin de la rue des Ciseaux poculait un mar-

Le Massacre de la rue Transnonain

chand de vin, aux crus renommés, chez qui, au siècle
dernier, grandes dames et galants mousquetaires
aimaient à aller gober la cancale et sabler le chablis.

En plein cœur de Paris, on est en train de démolir
tout un dédale de ces *rues suas chief*, de ces antiques
culs-de-sac, de ces vieilles ruelles du moyen âge,
tortueuses, pittoresques, animées, grouillantes de

populaire, ombreuses et fraîches en été, abritées et calfeutrées en hiver par ces maisons au pignon suraigu, au ventre proéminent, aux fenestrelles étroites, aux lucarnes ajourées. C'est le quartier Beaubourg, qui si longtemps avait résisté, et qui disparaît aujourd'hui.

A voir leur chef branlant, leurs poutrelles saillantes on reconnaît que toutes les vieilles maisons de ces rues, dont les noms ont gardé leur saveur d'autrefois : *Brisemiche*, *Taillepain*, *Pierre-au-Lard*, *Simon-le-Franc*, du *More*, *Geoffroy-Langevin*, datent sans conteste du temps où le *Biau-Bourg* était un gai village essaimé le long du ruisseau qui coulait près des hautes murailles de l'abbaye, au milieu d'une verte prairie, ombragée de peupliers et de saules, et qui avait remplacé, grâce aux atterrissements de la Seine, l'antique île Saint-Martin.

Pendant tout le moyen âge, les Parisiens qui ont toujours adoré aller humer le piot, les dimanches et fêtes carillonnées, loin des fumées et des fanges de leur cité, dans les vastes campagnes suburbaines, y couraient chanter et rire sous la tonnelle. Peu à peu, le village se souda à la ville et fut englouti par elle.

Les robins et les parlementaires, qui ont aimé toujours à vivre loin du fracas des métiers et du bruit des négoces, étaient allés bâtir dans ce faubourg des hôtels dont nous pouvions encore hier voir l'élégance discrète et austère. Là habita, jusqu'à la veille de la Révolution, toute la noblesse de robe, les Séguier, les Potier, les Marillac. les d'Andigny, les de Pomponne.

A la Révolution, le petit commerce du bibelot parisien, de l'article de Paris, envahit ces nobles demeures, que la Nation avait confisquées.

Tout ce petit peuple d'artisans était des plus patriotes et des plus turbulents; c'était l'avant-garde de la section hébertiste des Gravilliers. Toujours la tradition révolutionnaire s'y maintint intacte, toujours la foi en la république sociale y fut vive et ardente.

Ce quartier, voisin de l'Hôtel de Ville, l'Acropole

de l'insurrection, était frémissant des séditions, amoureux de barricades. A chaque appel aux armes, à chaque coup de clairon, l'artisan héroïque et insouciant y quittait l'établi, prenait le vieux *flingot* caché derrière les fagots et faisait le coup de feu contre les *royaux* et les *cipaux*. C'était le foyer des sociétés secrètes, le centre d'action des prises d'armes de Barbès et de Blanqui, Là les pavés se levaient tout seuls, et la poudre était toujours prête à parler. La partie haute de la rue portait un nom qui eut un retentissement sinistre, la rue Transnonain. A droite en montant, en dehors de l'alignement, se dressait une haute et étroite maison, au pignon aigu coupé par un arc cintré; c'était autrefois la chapelle d'un couvent de Carmélites, en souvenir desquelles le peuple de Paris, toujours irrévérencieux et gouailleur, avait baptisé la rue du quolibet de *trousse-nonnains*, d'où *Transnonain*.

La Révolution sécularisa la chapelle qui fut immédiatement transformée en théâtre par le père Doyen, vieil acteur qui y installa une petite scène de société où les artisans et les boutiquiers d'alentour venaient ouïr les jeunes débutantes et les amateurs du quartier donner la comédie bourgeoise. Cela se passait en famille et les décors étaient rudimentaires, l'orchestre préhistorique, on supprimait des rôles quand l'acteur manquait, souvent même un spectateur venait prendre la place de l'absent. On envoyait des oranges et des *topettes* d'orgeat à la jeune première, à l'ingénue qui avait failli perdre son innocence, persécutée par le traître ou le tyran farouche, lequel était généralement accueilli par des trognons de pomme.

Talma, né dans une maison voisine, y avait joué, dans sa jeunesse, en amateur, ce dont le papa Doyen, qui portait l'amour de son métier jusqu'au fanatisme, était glorieux à l'excès. Bocage, Beauvalet, Bouffé, Arnal, etc., y débutèrent, ainsi que des femmes charmantes, étincelantes de verve et d'esprit; Cœlina Fabre, Dussert, Fizelier, Brohan, Faradel, Bouchier, etc., qui firent sonner, dans ce quartier si essentiellement parisien, haut et clair, le vieux rire gaulois.

Doyen mort sur la brèche, le théâtre éteignit sa rampe, on fit un magasin de boiseries de cette salle qui, après avoir servi pendant quarante ans de lieu de divertissement, de plaisir et de joie, devint, le 14 avril 1834, le théâtre d'un drame sanglant et sinistre.[1]

La troupe venait d'enlever une barricade, lorsqu'un coup de feu part d'une maison, un soldat tombe. Un peloton de voltigeurs, ayant à sa tête le lieutenant de Failly, se rue dans la maison d'où il croit le coup de feu parti, et alors, dans une rage furieuse, voyant rouge, égorge indistinctement : femmes affolées, enfants à la mamelle, vieillards suppliants. Un dessin célèbre de Daumier rend toute la saisissante horreur de cette boucherie sanglante, et, de son éloquence amère et hautaine, Ledru - Rollin dénonça à l'Europe cet acte de sauvagerie féroce.

Au coin de la rue Geoffroy-Langevin, une maison démolie avait appartenu à Largillière, peintre du Roi, qui y avait formé une galerie — un cabinet, comme on disait alors — de tableaux, laquelle était une des curiosités de Paris. La rue nouvelle a fait place nette de ces entrelacs de ruelles et d'impasses du Maure, Berthaut, des Anglais, Beaubourg. Au milieu de ces masures était une sorte de *ghetto* où Saint Louis avait fait parquer une colonie de *morelles*, «filles saracinoizes », que les croisés avaient ramené des Croisades. La *taille de* 1292 nous donne les noms de plusieurs d'entre elles : Aaliz *la Morèle*, Jehanne *la Grant*, Mabile *la Crespée*, Lorencète *la Négrète*. Au coin du passage Berthaut existait, pendant la domination anglaise, un jeu de paume où les archers de Bedford jouaient au *football*; à côté, un vieux logis acheté, sous Louis XIII, par Nicolas Binet, perruquier émérite et dont le fils devint immortel pour avoir eu la gloire d'inventer les hautes perruques à marteaux que, de son nom, on appela des *binettes*.

La pioche municipale vient de démolir une petite maison, un peu plus bas; le passant, en voyant jeter au tombereau ces vieilles pierres, ne savait quelle touchante et déchirante histoire s'y attachait. La

maison appartenait à une jeune et jolie veuve,
Lucienne Lecomte, qui s'était enamourée de Sedaine,
lequel lui avait fait perdre la tête par ses sonnets
langoureux et ses madrigaux à l'eau de rose. La jolie
veuve avait de beaux écus au soleil, et le « philosophe
sans le savoir » était un calculateur émérite. Il se
fit donner, en menaçant la pauvre femme d'un mariage avec la fille d'un avocat au Conseil, tout son douai-
re. Comme Tartufe, il lui montra bien que la maison
était à lui, et la pauvre amante, chassée par le
gendelettre féroce qu'elle avait enrichi, mourut de
désespoir et de misère.

TABLE DES MATIÈRES

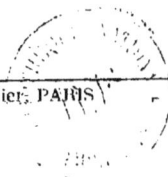

Imprimerie GAUZY et Cᵉ, 42, rue Le Peletier, PARIS

BIBLIOTHÈQUE DU VIEUX PARIS

OUVRAGE EN PRÉPARATION :

H. DE GRANDSAIGNE ET H.-G. DUCHESNE.

HISTOIRE DU BOIS DE BOULOGNE

LE CHATEAU DE MADRID

D'après les Documents inédits des Archives municipales, des Archives de la Seine et des Mémoires manuscrits et imprimés.

Ouvrage orné de 2 planches gravées et d'un plan, imprimé sur le papier d'Écosse. . . . **Prix : 12 francs.**

H. DARAGON, Imprimeur-Éditeur.

www.ingramcontent.com/pod-product-compliance
Lightning Source LLC
Chambersburg PA
CBHW070400090426
42733CB00009B/1480